창덕궁
실록으로 읽다

초판발행: 2017년 8월 18일

지은이: 최동군 • **펴낸이**: 서경원 • **디자인**: 이철주 • **편집**: 나진연
펴낸곳: 도서출판 담디 • **등록일**: 2002년 9월 16일 • **등록번호**: 제9-00102호
주소: 01036 서울특별시 강북구 삼각산로79 2층 • **전화**: 02)900-0652 • **팩스**: 02)900-0657
이메일: damdi_book@naver.com • **홈페이지**: www.damdi.co.kr

ⓒ 2017 최동군, 도서출판 담디
지은이와 출판사의 허락 없이 책 내용 및 사진, 드로잉 등의 무단 복제와 전재를 금합니다.

정가: 15,000원

Printed in Korea
ISBN: 978-89-6801-067-5
ISBN: 978-89-6801-066-8(set)
이 도서의 국립중앙도서관 출판예정도서목록(CIP)은 서지정보유통지원시스템
홈페이지(http://seoji.nl.go.kr)와 국가자료공동목록시스템(http://www.nl.go.kr/kolisnet)
에서 이용하실 수 있습니다. (CIP제어번호: CIP2017018577)

창덕궁
실록으로 읽다

담디
DAMDI

머릿말

 2016년에 우리는 조선궁궐에만 1000만 명이 넘는 관람객이 입장했다는 뉴스를 접했습니다. 주변에 물어봐도 한번이라도 궁궐에 다녀오지 않은 사람은 거의 없을 것입니다. 2개 이상의 궁궐에 가 본 사람은 물론, 심지어 5대 궁궐(경복궁,창덕궁,창경궁,덕수궁,경희궁)을 모두 다 가 봤다는 사람도 꽤 많습니다. 그런데도 궁궐에 대해 간단하게나마 설명해 줄 수 있느냐고 물어보면, 자신있게 답을 할 수 있는 사람이 그리 많지 않을 것입니다.

 그 이유는 그동안 답사할 때 우리가 봐온 것이 주로 궁궐의 '하드웨어' 중심이었는데, 궁궐 속의 수많은 전각들은 겉보기에는 거의 다 비슷비슷해 보이는 기와집인 이유로 인해, 의미있는 정보가 우리 머리 속에 남아있지 않기 때문입니다. '하드웨어' 궁궐에만 집중하면 우리는 조선궁궐을 제대로 이해할 수 없습니다. 심지어 여러개의 궁궐을 다녀오면 내가 본 전각이 어느 궁궐 속에 있던 것인지조차 헷갈리게 됩니다. 그렇다고 '하드웨어' 궁궐답사가 중요하지 않다는 것은 아닙니다. 다만 우리 궁궐을 제대로 이해하려면 눈에 보이는 '하드웨어'만으로는 부족하다는 뜻입니다.

 조선궁궐이 가지는 제대로의 의미를 찾으려면 '하드웨어'와 함께 '소프트웨어' 즉, 궁궐 속에서 생활했던 옛 사람들의 생생한 삶의 흔적과 이야기를 따라가야 합니다. 하지만 지금 조선궁궐에는 사람이 살고 있지 않기 때문에 궁궐 속에서의 일상적 삶을 직접 우리

눈으로 볼 수는 없습니다. 그렇다고 방법이 전혀 없는 것은 아닙니다. 왜냐하면 우리에게는 518년이라는 긴 조선왕조의 기간 동안, 이 땅에 일어났던 모든 일들을 빠짐없이 기록한, 귀중한 우리의 문화재이자 재산인 「조선왕조실록」이 있기 때문입니다. 게다가 지금은 온 국민이 직접 내용을 찾아볼 수 있도록 인터넷 상에 한글로 풀이되어 올라가 있습니다.

그러나 조선왕조실록 원본은 무려 888권이나 되는 엄청난 분량의 빅데이터이기 때문에, 누군가는 쉽게 이해할 수 있고 또한 잘 조직된 의미 있는 정보로 가공하기 위한 노력을 해야만 합니다. 이에 저는 그것이 저의 소명이라고 생각하고, 「조선왕조실록」속에서 조선궁궐과 직·간접적으로 관련된 기록들을 선별해서 1차로 '경복궁만의 소프트웨어'를 만들어 출간했고, 뒤이어 2차로 '창덕궁과 창경궁의 소프트웨어'도 추가로 만들었는데, 이 책은 그 중의 한 권입니다. 따라서 이 책을 창덕궁이라는 '하드웨어'와 접목시켜 잘 활용하시면 창덕궁은 지금까지와는 다른 새로운 모습으로 여러분께 다가갈 것이라 믿습니다.

끝으로 이 책이 세상의 빛을 볼 수 있도록 지원해주신 담디 출판사의 서경원 사장님과 직원분들께 감사드리고, 아울러 집필활동이 잘 될 수 있도록 모든 것을 챙겨주면서 원고까지 꼼꼼히 검토해 준, 내 인생의 절반인 아내 원지연에게 고마움을 전합니다.

2017. 7. 17 새벽, 파주 운정 자택에서
저자 최동군

창덕궁 전경

•• 차례

머릿말 _4

궁성과 문 _10
창덕궁 개관 - 조선왕실이 가장 오래 머문 궁궐 _11
돈화문 - 조선의 자존심을 드러내다 _21
금호문 - 송학선 의사의 혼이 서린 곳 _38
단봉문 - 인조반정의 비밀통로 _44

외조 일원 _58
금천교 - 서울에서 가장 오래된 다리 _59
진선문 - 신문고가 설치되다 _68
궐내각사[내각 일원] - 제2의 규장각 _75
궐내각사[옥당 일원] - 출세의 관문 _81
궐내각사[약방 일원] - 대장금과 허준이 활동한 곳 _91
궐내각사[구선원전 일원] - 종묘에 비견되는 건물 _102
인정문 외행각 - 대비의 곡소리가 울려퍼지다 _112
빈청 - 조선 최고의 논쟁이 벌어진 곳 _125

치조 일원 _141
인정문 - 이인좌를 치죄하다 _142
인정전 - 철종의 한이 맺힌 곳 _154
선정문 - 27세 최연소 병조판서의 비극 _170
선정전 - 이곳에서 조선당쟁사를 간추려보다 _175
희정당 - 암행어사 박문수의 전설이 탄생하다 _205

대전과 중궁전 일원 _221
대조전 - 대전일까? 중궁전일까? _222
경훈각 - 대조전이 대전이 될 수 밖에 없는 증거 _238

동궁 일원 _243
정조는 진정한 보수주의자? _244

낙선재 일원 _255
외국출신 왕실여인들이 머문 곳 _256

후원 일원 _270
부용지와 주합루 일원 - 신하들을 가르치는 국왕 _271
애련지와 연경당 일원 - 이토 히로부미 제대로 분석하기 _277
관람지와 존덕정 일원 - 정조의 자신감이 넘치는 곳 _286
옥류천 일원 - 유상곡수거의 흔적을 찾아서 _292

사진 협조 _301

궁성과 문

창덕궁 개관

조선왕실이 가장 오래 머문 궁궐

한양에 재천도한 태종은 경복궁이 아니라 창덕궁으로 들어갔다

    창덕궁은 1405년(태종 5) 경복궁에 이어 두 번째로 세워진 조선의 궁궐이다.

    태종 5년(1405) 10월 25일
    이궁(離宮)의 이름을 창덕궁이라 하다

    1392년(태조 1) 태조 이성계가 개경에 있던 고려 궁궐 수창궁에서 왕위에 올라 조선을 건국한 뒤, 2년이 지난 1394년(태조 3) 수도를 한양으로 옮기고, 이듬해인 1395년(태조 4) 조선의 법궁(法宮, =正宮)으로서 경복궁을 세웠다.

태조 4년(1395) 10월 7일
판삼사사 정도전에게 새 궁궐 전각의 이름을 짓게 하다

그러나 곧 세자 책봉(왕위 계승권)을 둘러싸고 신의왕후 소생의 왕자들과 정도전을 대표로 하는 공신 세력 사이의 갈등이 심화되었고, 결국 제1차 왕자의 난이 일어나면서 법궁으로서의 경복궁 지위는 흔들리게 되었다. 제1차 왕자의 난의 주역인 이방원에 의해 왕으로 옹립된 정종은 이복형제 간의 피바람이 일었던 한양의 지세가 좋지 않다며 도읍을 다시 개경으로 옮겼다.

정종 1년(1399) 2월 26일
종척과 공신을 모아 도읍 옮길 것을 의논하여
송경에 환도하기로 정하다
종척(宗戚)과 공신을 모아서 도읍을 옮길 것을 의논하였다. 서운관(書雲觀)에서 상언하였다.
"뭇 까마귀가 모여서 울고, 들 까치가 와서 깃들고, 재이(災異)가 여러 번 보였사오니, 마땅히 수성(修省)하여 변(變)을 없애야 하고, 또 피방(避方)하셔야 합니다." 임금이 이에 종친과 좌정승 조준 등 여러 재상들을 모두 불러 서운관에서 올린 글을

창덕궁

보이고, 또 피방해야 될지의 가부를 물으니, 모두 피방하여야 된다고 대답하였다. 임금이 어느 방위로 피방하여야 할지를 물으니, 대답하기를,
"경기 안의 주현(州縣)에는 대소신료와 숙위하는 군사가 의탁할 곳이 없고, 송도(松都)는 궁궐과 여러 신하의 제택(第宅)이 모두 완전합니다." 하니, 드디어 송경(松京)에 환도하기로 의논을 정하였다. 애초부터 도성 사람들이 모두 구도(舊都)를 생각하고 있었으므로, 환도한다는 말을 듣고 서로 기뻐하여 손에 손을 잡고 이고 지고 하여 길에 연락부절하니, 성문을 지키어 이를 제지하도록 하였다.

그 뒤 정종에게서 양위를 받은 태종은 1405년(태종 5)에 다시 한양으로 재천도하면서, 법궁(정궁)인 경복궁은 비워둔 채, 경복궁 동쪽에 이궁을 새로 지어 '창덕궁'이라 이름지었다.

태종 5년 8월 3일
의정부에 한양 환도의 가부를 의논케 하니, 흉년을 이유로 반대하다

태종 5년 8월 9일
거처를 다시 경덕궁으로 옮기다. 한양 환도의 의지를 밝히다

태종 5년 8월 11일
권근이 한양 환도의 불가함을 상소하였으나 윤허하지 않다

태종 5년 9월 13일
상왕이 대비와 함께 한양으로 이어하니,
임금이 보현원에서 전송하다

태종 5년 9월 28일
임금이 한양 환도를 고하기 위해 제릉(신의왕후릉)에 참배하다

태종 5년 9월 29일
국사(國史)를 한양으로 옮기다

태종 5년 10월 5일
임금이 태상전에 나아가 한양 환도를 고하니, 술자리를 베풀다

태종 5년(1405) 10월 11일
한양에 이르러 종묘에 알현하고, 연화방 조준의 집으로 가다
거가(車駕)가 한경(漢京)에 이르러 종묘에 알현하고, 연화방(蓮花坊)의 고(故) 영의정부사 조준의 집에 좌기하였으니, 이궁(離宮)이 아직 완성되지 않았기 때문이다.

10월 11일 한양에 도착한 태종은 정작 경복궁으로 가지 않고 조준의 집에 머물렀다가, 14일 후에 공사 중이던 창덕궁이 완성되고 나서야 창덕궁으로 들어갔다. 이미 완공된 경복궁은 아마도 자신의 손에 이복동생들의 피를 묻힌 곳이기도 했고, 자신의 정적이었던 정도전이 건설한 궁궐이어서 꽤나 싫었던 것 같다.

임진왜란 때 경복궁 전소 후 법궁의 지위를 물려받은 창덕궁

1405년(태종 5)에 일단 창덕궁은 최소 규모로 완성은 되었으나, 계속해서 증축을 하면서 편의시설을 늘려 나갔다. 그러던 중 1408년에는 태조 이성계가 이 궁에서 승하하였다.

태종 8년(1408) 5월 24일
태상왕이 별전에서 승하하시다
태상왕(太上王)이 별전(別殿)에서 승하(昇遐)하였다. 임금이 항상

광연루 아래에서 자면서 친히 진선(進膳)의 다소(多少)와 복약(服藥)에 있어서 선후(先後)의 마땅함을 보살폈는데, 이날 새벽에 이르러 파루(罷漏)가 되자, 태상왕께서 담(痰)이 성(盛)하여 부축해 일어나 앉아서 소합향원(蘇合香元)을 자시었다. 병이 급하매 임금이 도보로 빨리 달려와 청심원을 드렸으나, 태상이 삼키지 못하고 눈을 들어 두 번 쳐다보고 승하하였다. 상왕이 단기(單騎)로 빨리 달려오고, 임금이 가슴을 두드리고 몸부림을 치며 울부짖으니 소리가 밖에까지 들리었다. …(후략)

창덕궁은 518년의 조선 역사에서 가장 오랫동안 임금들이 거처한 궁궐이었다. 비록 공식적으로 조선의 법궁은 경복궁이었으나, 조선 초기부터 여러 임금이 경복궁을 기피하여 창덕궁이 그 자리를 대신할 때가 많았다. 게다가 임진왜란으로 조선의 모든 궁궐이 불탄 이후 경복궁은 아예 복원대상에서 제외되었고, 따라서 조선의 법궁(法宮) 지위는 창덕궁이 물려받았다. 대신 창덕궁의 이궁(離宮) 지위는 경희궁으로 옮겨갔다.

경복궁은 궁궐의 교과서라고 불리울 만큼 중앙축을 중심으로 하여 핵심 건물들을 규칙적으로 배치하는 등, 전례를 엄격하게 존중해서 지어졌다. 반면 창덕궁은 주요 건물들이 자연 지형에 따라서 자유롭게 흩어져 배치되어 있는데, 심지어 궁궐의 정문과 정전 건물이 완전히 다른 축 위에 있다. 이렇게 된 이유는 표면적으로는 창덕궁의 전각 배치를 주변 언덕과 어우러지게 한 것이며, 그 내면에는 종묘로 들어가는 지맥선을 손상시키지 않으려는 풍수적인 배려가 자

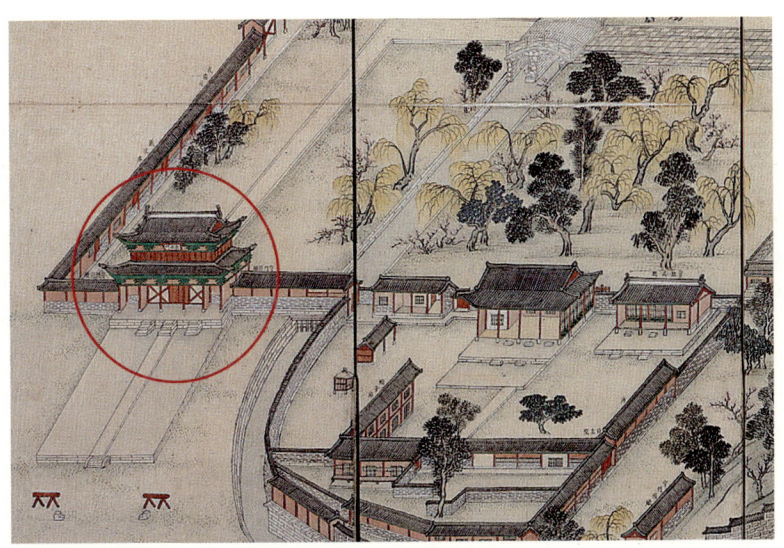

동궐도 돈화문 부분 [동아대학교박물관]

리잡고 있다. 특히 창덕궁의 정문인 돈화문을 남서쪽 귀퉁이에 만든 것도 창덕궁 바로 남쪽에 위치한 종묘를 고려했기 때문인데, 만약 다른 궁궐들처럼 정전의 정면 앞쪽에 돈화문을 만들었다면, 종묘구역을 침범할 수 밖에 없었기 때문이다.

지금은 관람객 및 시설 관리 등의 이유로 창덕궁, 창경궁 및 종묘가 분리되어 있지만, 이는 일제강점기 이후의 일이며, 조선시대에는 세 곳이 모두 하나의 영역으로 묶여 있었다. 또한 현재 창덕궁 영역으로 구분되어 있는 낙선재 일원도 원래는 창경궁에 속한 전각들이었고, 창덕궁의 후원은 창경궁과 공유하게끔 되어 있었다. 즉 창덕궁, 창경궁은 별도의 궁궐이 아니라 사실상 하나의 궁궐이었고, 따라서 조선시대에는 법궁인 경복궁의 동쪽에 있다하여 통칭해서 동

낙선재 일원

궐이라고 불렀다.

특히 낙선재 일원은 마지막 조선왕실(대한제국 포함) 가족들이 여생을 보낸 곳인데, 조선왕조 최후의 왕비(황후)인 '순정황후'는 1966년까지, 조선왕조 최후의 세자빈(황태자비)인 '이방자 여사'와 최후의 왕녀인 '덕혜옹주'는 1989년까지 낙선재에서 생활하다가 세상을 떠났고, 마지막 왕세손(황세손)인 '이구'씨의 부인 '줄리아 멀록'도 이혼하기 전까지는 시어머니 이방자 여사와 함께 낙선재에서 생활했었다.

•• 뱀의 발

이혼[부부가 헤어짐]을 뜻하는 파경(破鏡)이라는 말의 유래

파경(破鏡)이라는 말을 한자사전에서 찾아보면 깨어질 파(破), 거울 경(鏡)이라고 되어 있고, 국어사전에는 '깨어진 거울이란 뜻으로, 부부의 이별 또는 이혼을 비유하는 말'이라고 되어 있다. 깨어진 거울이란 말이 부부가 갈라선다는 의미를 나타낸다면, 분명 그런 말이 생겨난 사연이 있을 것이다.

중국의 남북조(南北朝) 시대 이야기다. 남조(南朝)의 마지막 왕조인 진(陳)이 멸망하게 되었을 때, 진(陳)의 서덕언은 적군인 수(隨)나라 대군이 양자강 북쪽에 도착하자 자기의 아내를 불러서 다음과 같이 말하면서, 옆에 있던 거울을 반으로 쪼개어 한 쪽을 아내에게 주었다.

"진(陳)나라가 망하게 되면, 당신은 적의 수중에 끌려가게 될 것이오. 당신은 얼굴과 재주가 뛰어나므로 적의 수중으로 넘어가더라도 귀한 집에서 살게 될 것이므로, 우리가 다시 만날 수는 없겠지만 혹시라도 다시 만나게 된다면, 이 거울로 증표를 삼읍시다. 이것을 소중히 간직하고 있다가 정월 대보름날 시장에 내놓고 팔도록 하시오. 반드시 살아 돌아 오리다."

그 후에 결국 진(陳)은 멸망하게 되었고, 서덕언의 아내는 뛰어난 미모와 재주 덕분에 수나라 건국 제일공신인 월국공(越國公) 양소(楊素)의 집으로 들어가게 되었다. 이듬해 정월 대보름에 서덕언은 살아남아서 약속했던 시장으로 갔다. 그런데 거기에 깨진 반 쪽짜리 거울을 파는 사람을 보고, 아내가 살아 있음을 확인한 그는 그 거울에 얽힌 사연을 말해 주었다. 그리고 서덕언은 그 사람에게 나머지 반 쪽과 시를 적어 보냈다.

鏡與人俱去 경여인구거: 거울은 사람과 함께 갔으나
鏡歸人不歸 경귀인불귀: 거울은 돌아오고 사람은 돌아오지 않네
無復姮娥影 무복항아영: 항아(선녀)의 그림자는 다시 없고
空留明月輝 공유명월휘: 밝은 달빛만 헛되이 머무네

돌아온 거울을 받아 든 서덕언의 아내는 이후 아무 것도 먹지 않고 울기만 할 뿐이었다. 이 사연을 알게 된 양소는 두 사람의 사랑에 감동이 되어, 그들이 함께 고향으로 돌아갈 수 있도록 해 주었다. 파경이란 뜻의 고사에서는 헤어진 부부가 다시 만난다는 해피엔딩도 포함되어 있는데, 오늘날 우리가 쓰는 파경의 뜻에는 그저 헤어진다는 부정적인 뜻만이 남아 있다.

돈화문

조선의
자존심을
드러내다

돈화문은 조선의 자존심을 드러내고 있다

　돈화문(敦化門 / 敦: 도타울 돈, 化: 될 화, 門: 문 문)은 창덕궁의 정문으로, 백성에 대한 임금의 '교화를 돈독히 한다'는 뜻이다. 보물 제383호로 정면 5칸, 측면 2칸 규모의 중층 다포식 우진각지붕 건물인데, 창경궁의 정문인 홍화문과 함께 조선 중기에 세워졌다. 목조건축물에서 기둥과 기둥사이를 칸(間, 간)이라고 하는데, 조선 궁궐 정문 중에서 이 돈화문만 유일하게 정면 5칸이다. 창덕궁을 제외한 나머지 궁궐 정문(광화문, 홍화문, 흥화문, 대한문)의 정면 칸수는 모두 3칸이다.

정면이 5칸인 창덕궁의 돈화문

태종 12년(1412) 5월 22일
도성의 좌우편 행랑이 완성되다
도성 좌우의 행랑(行廊)이 완성되었다. 궐문에서 정선방 동구(洞口)까지 행랑이 472간이고, 진선문 남쪽에 <u>누문(樓門) 5간을 세워서 '돈화문(敦化門)'이라고 이름하였다.</u> …(후략)…

정면 칸수가 3칸이면 출입하는 통로가 3개라는 뜻이다. 이는 동아시아 문화권에서 공유하고 있는 궁궐조영 원리와 관련이 있는데, 황제의 궁궐은 '5문3조', 제후(왕)의 궁궐은 '3문3조'라는 큰 원칙을 따르는 것이다. 조선 궁궐은 제후의 궁궐이기 때문에 3문3조를 기본으로 하고 있다. '3문'이란 제도는 원래 궁궐내의 구역을 구분하

경복궁의 광화문

덕수궁의 대한문

경희궁의 흥화문

창경궁의 홍화문

창덕궁 실록으로 읽다
궁성과 문

중국 천안문의 5개의 홍예(무지개문)

경복궁 광화문의 3개의 홍예(무지개문)

는 문이었지만, 시대가 흐르면서 약간 성격이 바뀌어 임금에게 도달할 때까지 거치는 문의 숫자가 되었다.

　중국 자금성의 경우, 전문(대청문), 천안문, 단문, 오문, 태화문의 5문 구조를 가지고 있고, 경복궁은 광화문, 홍례문, 근정문의 3문 구조를, 또 창덕궁은 돈화문, 진선문, 인정문의 3문 구조를 가지고 있다. 뿐만 아니라 문의 정면 칸수에도 영향을 끼쳐서 중국은 5칸이며, 우리는 3칸이 기본이었다. 중국 자금성 천안문의 석축에 뚫린 홍예(무지개문)는 5개인데, 경복궁 광화문의 석축에 뚫린 홍예는 3개인 것이 대표적인 사례로 꼽힌다.

　그런데 유독 돈화문만 왜 5칸일까? 돈화문을 자세히 보면 외관상 5칸은 분명한데, 양 끝 쪽의 두 칸은 출입문이 아니라 벽으로 막혀 있다. 따라서 실제로 출입할 수 있는 통로는 가운데 3칸뿐이다. 그러면 왜 이런 식으로 쓰지도 않을 칸을 만들어서 벽으로 막아 버렸을까? 나는 이것을 조선의 자존심으로 부르고 싶다. 그냥 평범한 제후로서 만족하는 것이 아니라, 황제에게도 지고 싶지 않은 마음의 완곡한 표현이라고나 할까?

　이런 사례는 경복궁에서도 찾아볼 수 있다. 근정전의 정문인 근정문은 정면 3칸이지만, 양쪽 행각의 담장을 뚫어서 2개의 출입구(일화문과 월화문)를 더 만들었다. 또한 임진왜란으로 소실되기 이전의 경복궁그림을 보여주는 '경복궁전도'를 보면, 광화문의 양날개로 이어지는 담장에도 똑같이 2개의 홍예 출입구를 추가로 더 만든 것을 볼 수 있는데, 결국 3문이면서도 5문의 효과를 내고 있다.

경복궁 근정전의 일화문과 월화문

•• 뱀의 발

조선시대에도 촛불집회가 있었다?

순종 1년(1908) 3월 10일

돈화문에 나가 백성들의 등불 행렬을 보고 한성 부윤을 소견하다

돈화문 밖으로 거동하여 각 학교들과 일반 백성들의 등불 행렬을 관람하였으며, 만세를 축원하는 의식을 가졌다. 그리고 백성들의 대표인 한성부윤(漢城府尹) 장헌식을 인견(引見)하고 위문하였다.

1908년 3월 10일 순종실록 기사는 마치 촛불집회를 다룬 현대의 신문기사를 보는 듯 하다. 다만 촛불 대신 등불이 등장을 했고, 상왕으로 물러난 고종의 만수무강을 축원했으며, 국왕이 대표자를 통해 백성들의 의견을 들었다는 것이 차이가 있을 뿐이다.

하필이면 하필 때문에 삶아 죽게 된 조태언

영조 13년(1737) 8월 13일

사간 조태언이 정언 민택수의 출사를 계청하니, 파직과 팽형을 명하다

…(전략)… 임금이 말하기를,

"조태언보다 더한 자는 바로 금수(禽獸)이니, 왕자(王者, 임금)의 태아검(太阿劍, 옛날 보검(寶劍)의 한 종류)을 어찌 금수에게 쓰겠는가? 만약 대신(臺臣)이라 해서 참하지 못한다면 돈화문에서 팽형(烹刑)에 처해야 한다. 빨리 와서(瓦署)에 명해 큰 가마솥을 만들어 대기하도록 하라." 하므로, 여러 승지 및 삼사의 여러 신하들이 다투어 청대하였다. …(후략)…

1737년(영조 13) 8월 영조실록 기사는 영조가 조태언이라는 대신(臺臣, 사헌부의 언관)에 대해, 돈화문 앞에서 팽형(烹刑, 삶아서 죽이는 형벌)에 처하도록 명을 내렸다. 여기서 팽형의 팽(烹)자는 삶을 팽으로, '팽 당하다' 또는 '토사구팽(兎死狗烹) / 兎: 토끼 토, 死: 죽을 사, 狗: 개 구, 烹: 삶을 팽)'이란 한자성어로 많이 알려진 글자다. 토사구팽은 사마천의 사기 월왕구천세가(越王句踐世家)에 나오는 말로, 사냥하다 토끼를 잡아서 토끼가 죽게 되면, 사냥하던 개는 쓸모가 없게 되어서 삶아 먹는다는 뜻으로, 필요할 때는 요긴하게 써 먹고, 쓸모가 없어지면 가혹하게 버린

다는 의미다.

조태언은 사헌부의 언관이었다. 따라서 임금에 대한 간언하는 일이 본업이다. 그런 그에게 영조는 왜 처벌을, 그것도 삶아서 죽이라는 무시무시한 처벌을 내리라고 명했을까? 조선시대의 언관은 임금에게 간언을 올릴 때는 목숨을 걸고라도 직간을 올렸으며, 그런 이유 때문에 국가조직의 윤리와 도덕성이 유지되어, 조선왕조가 무려 5백년이 넘게 지속되었을 것이다.

조태언은 노론출신이며 그 중에서도 강경파였다. 그런 그가 같은 노론 소속인 사간원 정언(正言) 민태수를 비호하다가 파직되었다. 언관의 일이라는 것이 늘상 임금을 비판하는 것임에도 불구하고, 영조가 그토록 불같이 화를 낸 이유는 바로 임금의 심중을 강하게 건드리는 용어를 조태언이 썼기 때문인데, 그 용어는 다름 아닌 '하필(何必)'이다. 이날 실록 기사에 나타난 영조의 말을 직접 살펴보자.

하교하기를,
"지난번 대신에게 당(黨)을 일삼는 신하의 머리를 베어 오라고 명하였는데, 이제 과연 머리를 이고 와서 방자하게 임금을 배반하고, 당을 미워할까 염려해 대각(臺閣)에 나와서 처치하면서 감히 '하필' 운운하였다. 지금 처음 정사에서 이 무리들이 오히려 날뛰니, 만약 고가(藁街)에다 목을 매달지 않는다면 임금이 있다고 말하겠는가? 임금을 배반하고 당에 붙은 사람, 조태언을 빨리 방형(邦形, 나라에서 시행하는 형벌)으로 다스리도록 하라." 하였다. 이때에 약원(藥院)의 여러 신하들이 중도에 지나

치다고 말하니, 임금이 말하기를,

"돌아 보건대, 지금 당습에 젖은 신하들을 모두 죽일 수가 없다. 이제 내가 다시 임어(臨御)한 임금과 같은데 여러 신하들은 오히려 혼돈(混沌)한 가운데 있으니, 어찌 혀를 차지 않을 수 있겠는가? 조태언은 응견(鷹犬) 같은 무리로서 오히려 당습을 벗어 버리지 못하고 감히 '하필'이란 두 글자를 말하니, 내가 일찍이 지나친 말을 한 것이 아니라, 조태언의 목을 가져오는 것을 웃으면서 보고자 한다." 하였다.

영조의 이야기인 즉, 자신은 그 유명한 '탕평책'을 실시하면서 모든 신하들에게 파당을 짓지 말라고 그렇게도 엄명을 내렸건만, 조태언은 그런 자신의 명을 대놓고 무시하면서 자당을 비호했다. 게다가 비호하는 글 중에 '하필'이라는 용어를 써 가면서까지 영조 자신의 속을 뒤집어 놓았으니, 도저히 용서할 수가 없다는 것이었다.

그럼 조태언은 실제 삶아져서 죽었을까? 아니다. 팽형은 원래 중국 한나라 때 생긴 형벌로, 말 그대로 솥에 넣고 끓여 죽이는 매우 참혹한 형벌이지만, 우리나라에서는 기록상 한번도 팽형을 시행한 일이 없다. 다만 일종의 상징적인 명예형으로 바뀌어서 실제적으로 삶아 죽이는 것이 아닌, 그냥 형식상으로 올려만 놓은 가마솥에 해당 죄인이 들어갔다가 나오면 의식을 종료하고, 죄인을 가족에게 인계하였다. 팽형을 받은 죄인은 주로 양반이었는데, 인계 받은 가족은 죄인이 처형된 것으로 간주하여 형식적인 장례를 치렀고, 죄인은 사망자로 취급되어 은둔생활을 해야 하거나, 아니면 주변 사람들은 그가 없는 듯 행동하는 사회적 사형이었다.

팽형과 관련된 중국의 이야기도 하나 정도 기억해 둘 만하다. 시황제가 죽고 진나라가 멸망한 뒤 항우와 유방이 자웅을 겨루던 시절, 팽성 전투에서 대패한 유방의 집안은 풍비박산 났다. 아버지 태공과 아내 여후는 항우에게 포로로 잡혔다. 기원전 203년 유방은 다시 전열을 가다듬고 장기 대치 국면에 들어갔는데, 먼저 지친 항우는 유방에게 항복하지 않으면 유방의 아버지를 삶아 죽이겠다고 협박했다. 이에 유방은 다 삶으면 자신에게도 한 그릇 나눠 달라고 응수했더니 항우는 결국 태공을 죽이지 못했다.

•• (뱀의 발)

사형도 때를 기다려 집행한 조선

조선의 형벌은 중국의 영향을 받아 오형제도를 기본으로 했다.

① 태: 가장 가벼운 경범죄에 대한 형벌로서,

  가는 몽둥이(주장)로 10에서 50까지 5등급이다.

② 장: 태형보다는 중한 형벌로서,

  굵은 몽둥이(곤장)로 60에서 100까지 5등급이다.

③ 도: 강제노역에 종사하는 형벌로서, 1년에서 3년까지 5등급이다.

④ 유: 유배형. 귀양이라고도 하는데,

  먼 섬이나 벽지에 거주를 제한하는 형벌이다.

⑤ 사: 목을 죄어 질식시켜 죽이는 교(絞)와 칼이나

  도끼로 목을 베어 죽이는 참(斬)의 두 종류가 있다.

그런데 사형의 경우, 집행시기를 기준으로 또다시 대시(待時)와 부대시(不待時)로 나눠서 집행했다. 원래 사형의 집행은 사형판결을 받았다 하더라도, 추분이 올 때까지 기다려 집행하는 것이 원칙이었다. 이것을 때를 기다린다는 뜻으로 대시(待時)라고 했는데, 음양론에서 볼 때 추분 후, 춘분 전은 낮보다는 밤이 길기 때문에 음(죽음)의 세상이라고 보았기 때문이다. 그래서 참형인 경우에는 대시참(待時斬) 또는 참대시(斬待時), 교형인 경우에는 대시교(待時絞) 또는 교대시(絞待時)라 했다. 그런데 간도살인(奸盜殺人)이나 강상범(綱常犯, 삼강오상의 인륜을 심하게 위반한 범인) 등 죄가 아주 중한 경우에는 추분을 기다리지 않고 언제든지 사형을 집행했는데, 이것을 부대시(不待時)라 했고 부대시참(不待時斬), 참부대시(斬不待時), 부대시교(不待時絞) 또는 교부대시(絞不待時)로 불렀다.

성종 1년 4월 11일
의금부에서 강도질을 행한 옥수,
오맹하의 죄가 참부대시에 해당함을 아뢰다

중종 25년 2월 5일
지서학 등을 부대시참할 것에 대하여 삼공에게 의논하게 하다

명종 3년 1월 24일
만조계에 나가 강상범 청도 죄수 이세원을 삼복하여 교부대시케 하다

숙종 18년 1월 18일
자신의 두 딸을 타살한 호서 사람 유득실을 부대시교에 처하게 하다

중종반정의 목격자, 돈화문

1506년(연산 12/중종 1) 돈화문은 중종반정의 정점에 있었다. 연산군은 반정 당시 창덕궁에 있었는데, 돈화문 앞에 집결한 반정군들이 돈화문과 담장을 넘어 들어가 연산군을 몰아내는 과정이 실록에는 다음과 같이 기록되어 있다.

중종 9년(1514) 1월 28일
반정 때 연산군을 능욕하고
절의를 지키지 않은 승지에 대해 논의하다
…(전략)… 김은이 아뢰기를,
"반정(反正)하던 날 숙직하던 승지는 윤장, 이우, 조계형이었습니다. 그 날 새벽에 승지 등이 친히 신이 자는 방 창문 밖에 다가와서 급히 부르며 말하기를
'돈화문 밖에 군마가 많이 모였으니, 필시 큰 일이 있는 듯하다. 속히 아뢰라.' 하기에 신이 즉시 그 사실을 아뢰자, 폐주는 즉시 차비문(편전의 정문) 밖에 나가, 신으로 하여금 승지 등을 부르게 하여 승지에게 묻기를,
'무슨 일이 있느냐.' 하니, 승지 등이 아뢰기를
'군마가 이미 성을 둘러싸고 벌여 섰는데, 신도 그 까닭을 모르겠습니다.' 하였습니다. 폐주는 이 말을 듣고 놀라서 어쩔 줄을 모르고 있는데 어떤 사람이 와서 말하기를
'군사가 혹은 담을 넘어 들어오고 혹은 담을 헐고 들어옵니다' 하니, 폐주는 더욱 당황하였습니다." …(후략)…

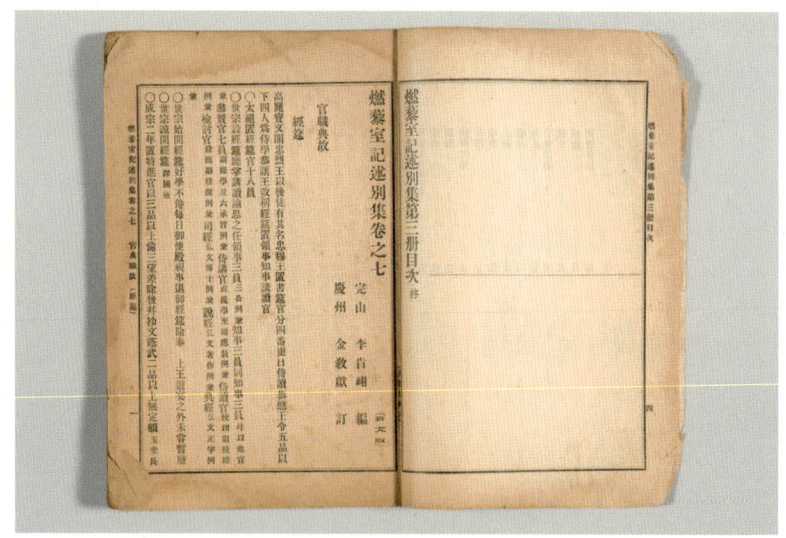

연려실기술(燃藜室記述) [국립중앙박물관]

　중종반정은 폭군 연산군을 몰아내고 이복동생인 진성대군(중종)을 왕으로 추대한 사건으로, 요즘 말로 하면 쿠데타다. 그런데 이 중종반정의 특이점은 조선왕조 최초로 순전히 '신하'가 주도하여 '왕'을 몰아냈다는 것이다. 이전에도 쿠데타는 있었는데, 이방원(태종)이 일으킨 왕자의 난과 수양대군(세조)이 일으킨 계유정난이 대표적이다. 그러나 이방원과 수양대군의 경우는 왕위에 오를 왕족이 주도권을 잡고 쿠데타를 일으켰으나, 진성대군(중종)은 사실 아무 것도 하지 않은 채, 순전히 신하들에 의해서 옹립되었다. 심지어 반군들이 자신을 왕으로 옹립하러 집으로 찾아왔을 때, 자신을 죽이러 온 줄 알고 자결하려고까지 했다는 기록이 이긍익의 역사서 '연려실기술'에 나온다.

반정하던 날, 먼저 군사를 보내어 사삿집(진성대군의 사가)을 에워쌌다. 이것은 해칠 자가 있을 것을 염려하여 호위하기 위해서 였다. 그런 줄도 모르고 진성대군(중종)이 놀래어 자결하려고 하자, 부인 신씨는 말하기를,
"군사의 말머리가 이 궁을 향하여 있으면, 우리 부부가 죽지 않고 무엇을 기다리겠습니까, 하오나 만일 말꼬리가 궁으로 향하고 말머리를 밖으로 향해 섰다면, 반드시 공자를 호위하려는 뜻이오니, 알고 난 뒤에 죽어도 늦지 아니 하오리다."하고 소매를 붙잡고 굳이 말리며, 사람을 보내어 살피고 오게 하였더니, 말머리가 과연 밖을 향해 있었다.

반정 자체가 철저하게 신하 주도로 이루어짐에 따라서, 집권 초기에는 중종이 실질적인 왕권을 행사하기가 매우 어려웠다. 사실 굳이 중종이 아니어도 왕위에 올릴 왕족들은 얼마든지 있었기 때문이었다. 따라서 갑자기 왕위에 오르게 된 중종은 공신이 중심이 된 정치에 끌려 갈 수밖에 없었고, 집권 초기 권력은 공신들에게로 집중되었다.

중종반정의 또 다른 특이점은 반정의 파급력이 작았을 뿐만 아니라, 반정의 충격도 조기에 수습되었다는 점이다. 처음부터 반정의 주모자였던 박원종 등은 연산군 집권기에도 권력의 중심부에 있었던 인물이었고, 그들 이외에도 연산군 치하에서 권력을 가지고 있던 많은 사람들이 살아남았다. 심지어 반정이 일어나던 날에서야 비로소 반군에 아부하고 은근슬쩍 끼어든 사람도 많았을뿐더러, 더욱

이 반정 중에는 고개 한번 안 내밀더니, 반정이 끝난 후에 언론 플레이만 했음에도 불구하고 공신으로 책봉된 인간들도 수두룩했다고 1506년(연산 12) 9월 2일자 실록은 전하고 있다.

> 연산 12년(1506) 9월 2일
> 중종이 경복궁에서 즉위하고 연산군을 폐하여 교동현에 옮기다
> …(전략)… 책공(策功, 공신을 책봉함)을 의정(議定)하게 하자, 박원종 등이 여러 종실, 재상들과 공을 나눔으로써 뭇사람의 마음을 안정시키려 하니, <u>처음부터 모의에 참여하지 않은 유순(柳洵) 등 수십 인이 다 정국 공신에 참여 되었다</u>. 당초에 박원종 등이 돈화문 밖에 모여 유순에게 사람을 보내어 유순을 부르니, 유순이 변이 있는 줄 알고 어찌할 바를 몰라 나와 문틈으로 엿보다가 도로 들어가기를 너덧 차례나 하였으며, 또 문틈으로 말하기를 '나는 구항(溝巷)에서 죽고 싶지 않으니, 이번 일이 가하오. 마음대로 하오.' 하고, 오랫동안 다른 일이 없음을 알고서야 나왔다.

따라서 중종반정을 통해 새로운 정치세력이 등장한 것이 아니라, 이미 연산군 시대에 주요공직에 있던 대부분의 인물들이 왕만 교체한 후, 다시 기득권을 유지하는 상황이 펼쳐졌기 때문에, 백성들의 삶에는 별로 큰 변화가 없었다. 예를 들어, 반정 성공 이후 선포한 금표 철폐가 얼핏 보면 연산군이 빼앗은 백성들의 땅을 원주인에게 돌려주는 것처럼 보였지만, 사실 금표로 연산군이 빼앗은 땅은 대부

분의 원주인이 훈구대신들이나 전현직 관료들이었다. 게다가 연산군이 유흥비용 마련을 위해 내수사(內需司, 왕실 재정의 관리를 위해 설치되었던 관서)를 과세기관으로서 초법적, 비공식적으로 운영하던 것을, 중종 시기에는 공식적으로 인정하기까지 했다.

금호문

송학선 의사의 혼이 서린 곳

익명 투서가 집중된 금호문

　금호문(金虎門 / 金: 쇠 금, 虎: 범 호, 門: 문 문)은 창덕궁의 첫번째 서문으로, 우리는 금호문(金虎門)이라는 이름만 들어도 서쪽문이라는 사실을 금방 알 수 있다. 왜냐하면 음양오행에서 서쪽은 금(金)의 기운에 해당하고, 사신도에서는 백호(白虎)가 서쪽의 수호신이기 때문이다. 그런데 이 금호문은 궐내각사가 밀집해 있던 외조영역과 가까운 관계로 관리들의 출입이 잦았고, 때문에 익명의 투서가 많이 날아든 문이기도 했다.

창덕궁 실록으로 읽다
궁성과 문

금호문

광해 10년(1618) 8월 21일
현응민을 국문하다. 현응민의 공초
…(전략)… 경운궁에 화살을 쏜 일에 대한 것은 작년에 민인길 등 10여 명이 스스로 밝히는 상소를 올렸다는 것을 듣고 알았지만, 남대문의 참언을 적은 방문과 금호문(金虎門)의 투서, 남대문의 괘방(掛榜) 사건은 이른바 익명서이니 어떻게 알 수 있겠습니까. …(후략)…

명종 15년(1560) 12월 25일
익명서가 있었는데 병조, 형조에 비밀히 물어 아뢰게 하다
승정원이 아뢰기를,
"밤 초경(初更)에 한 남자가 활과 화살을 차고 와서 포도청의 공사라고 핑계 대고 금호문(金虎門) 틈으로 작은 봉서 하나를 들이밀며 승정원에 올리도록 했다고 하므로, 가져다 보니 익명서였습니다. 신들이 몹시 놀라 사람을 시켜 추격하게 하였더니 이미 도망쳤습니다." …(후략)…

연산 10년(1504) 7월 21일
이윤형이 익명서를 투서한 사노비 만동을 잡아오다
한밤에 교서관 교리 이윤형이 금호문(金虎門)에서 고하기를,
"신이 익명서를 넣은 자 사노(私奴) 만동을 데리고 왔습니다."
…(후략)…

이런 익명의 글은 '벽서(壁書)', '괘서(掛書)', '방서(榜書)'라는 이름으로도 실록에 많이 등장하는데, 대부분은 민중들이 각종 비기(秘記) 및 참설(讖說) 등을 믿고 벽서, 괘서, 방서 등의 벽보를 이용하여, 그 비기 및 참설을 민간에 전파시켜 민심을 현혹하려 한 사건이다. 그러나 그 중에는 정치적인 목적을 가지고서 의도적으로 벽서를 이용한 경우도 있으니, 명종때의 '양재역 벽서사건'이 대표적이다.

중종은 제1계비 장경왕후 윤씨에게서 제12대 왕인 인종을 낳고, 제2계비 문정왕후 윤씨에게서 제13대 왕인 명종을 낳았는데, 두 계비는 모두 파평 윤씨로 한 집안이었다. 그러나 권력은 속성상 나눠 가질 수 없는 것이어서, 장경왕후의 오빠인 윤임과 문정왕후의 동생인 윤원형은 서로 권력다툼을 벌였는데, 세간에서는 윤임을 대윤(大尹), 윤원형을 소윤(小尹)이라 불렀다. 그런 가운데 중종이 승하하고 인종이 즉위하자, 인종의 외숙인 윤임이 먼저 정권의 주도권을 잡았다.

하지만 인종이 허무하게도 재위 8개월만에 승하하고, 명종이 즉위하면서 문정왕후가 수렴청정을 하게 되니, 이때부터는 지금까지 수세에 몰렸던 문정왕후와 윤원형의 세상이 되었다. 이 와중에 소윤은 대윤을 제거하기 시작하는데, 윤임을 귀양 보낸 뒤 사사시킨 것도 모자라서, 무려 6년에 걸쳐 윤임과 조금이라도 관련있는 사람들은 갖가지 죄명을 씌워 숙청시켰다. 역사상 이 사건을 을사사화라고 부르는데, 양재역 벽서사건은 바로 그 숙청작업에 동원된 정치공작의 하나였다.

1547년(명종 2) 9월 경기도 과천의 양재역에서 '위로는 여주(女主, 문정왕후), 아래에는 간신 이기(李芑)가 있어 권력을 휘두르니 나라가 곧

망할 것'이라는 내용으로 된 익명의 벽서가 발견되었다. 소윤은 이 벽서를 근거로 해서 을사사화에서 미처 제거하지 못한 나머지 대윤 잔당 세력들을 완전히 소탕하게 된다.

사실 을사사화는 엄밀히 말해서 파평 윤씨 집안 간의 권력다툼이었는데, 소윤에는 훈구세력들이 많았던 반면, 대윤에는 사림세력들이 많았다. 따라서 결과적으로 대윤에 협력했던 사림들이 주로 피해를 많이 입었기 때문에 조선의 4대사화로 분류하게 되었다. 이때 피해를 입은 대표적인 사림으로는 회재 이언적이 있고, 퇴계 이황도 파직당했다가 곧 복직되었지만 병을 핑계로 낙향해 버렸다.

이후 선조가 즉위하면서 을사사화 때 피해자들의 신원이 회복되고 다시 사림들이 중앙정계로 진출하게 되는데, 이때 사림들 중 소윤에 잠시 몸을 의탁했던 김효원과, 명종비 인순왕후의 동생인 심의겸 사이에서 이조전랑(吏曹銓郞)의 자천(自薦) 문제를 계기로 다툼이 일어났다. 그러자 사림세력은 두 사람의 입장을 지지하는 두 파벌로 나눠졌는데, 이 파벌이 조선후기 내내 당쟁의 중심이었던 동인과 서인으로 발전했다.

송학선 의사의 혼이 서려 있는 금호문

한편 실록에는 빠져 있으나 1926년(순종19) 4월 28일 금호문에서는 '금호문 의거 또는 금호문 사건'으로 불리는 매우 중요한 사건이 일어났다. 이 시기는 일제강점기여서 일제의 간섭이 있었기 때문에 실록의 내용이 부실할 수 밖에 없다.

1926년 4월 26일 순종이 사망하자, 빈소가 마련된 창덕궁 앞에는 조문행렬이 이어졌다. 이때 금호문은 창덕궁 빈소의 주출입구로 지정되었고, 송학선(宋學善)은 조선총독부의 고관들이 이곳으로 드나드는 것을 보고나서, 사이토 총독을 처단하기로 마음 먹었다. 그는 조문 사흘째인 4월 28일 창덕궁에서 조문을 하고 나오던 일본인 고관 세 명이 탄 무개차를 발견하자, 안에 사이토가 탄 것으로 착각하고 칼을 소지한 채 이 차를 습격했는데, 1명만 죽이고 2명은 부상을 입혔다. 하지만 아쉽게도 사이토 총독은 없었다.

   그런데 나중에 재판을 통해 밝혀진 사실이지만, 송학선은 그 어떤 정치적 단체와도 연관되어 있지 않은 채, 개인적인 순수한 민족적 의분에서 이 거사를 일으켰다. 따라서 비록 송학선의 의거 자체는 실패를 했어도, 이 사건은 당시 국내외의 조직적인 무력 항쟁의 길이 막혀 있는 상황에서 매우 의미있는 의열 투쟁의 하나로서 민족운동을 고무하였고, 향후 6·10만세 운동의 발발을 자극하는 구실을 하였다는 평가를 받고 있다.

단봉문

인조반정의
비밀통로

임오군란과 인조반정의 비밀통로

　단봉문(丹鳳門 / 丹: 붉을 단, 鳳: 봉새 봉, 門: 문 문)은 금호문과 마찬가지로 단봉문(丹鳳門)이라는 이름으로부터 남쪽문이라는 사실을 금방 알 수 있다. 왜냐하면 음양오행에서 남쪽은 불[火]의 기운에 해당하기 때문에 남쪽의 색깔은 곧 붉은 계통의 색이며, 사신도에서는 주작이 남쪽의 수호신인데, 주작은 봉황과 거의 같은 취급을 받는 이유로, 결국 붉은 봉황이라는 이름의 단봉문은 남쪽문이라는 뜻이 된다.

　이 단봉문은 원래 남장문(南墻門)이라 불리던 것을 1475년(성종 6)에

단봉문

대궐 전각의 이름을 고칠 때에 단봉문으로 고치고 편액을 달았다는 기사가 실록에 남아있다. 한편 1882년 임오군란 때 구식 군인들이 자신들에게 차별대우를 한 민씨 정권의 핵심인 중전 민씨를 제거하기 위해 창덕궁으로 들이닥치자, 중전 민씨는 상궁차림으로 변복을 하고 이 단봉문을 통해 빠져나갔다고 한다. 그러나 더 큰 사건이 바로 이 단봉문을 통해 일어났으니 바로 인조반정이다.

광해 15년(1623) 3월 12일
반정이 일어나자 도망하여 의관 안국신의 집에 숨다
…(전략)… 문무 장사(將士) 2백여 명이 [군사는 모두 1천여 명이었다.] 밤 3경에 창의문으로 들어가 창덕궁 문 밖에 도착했을 때, 훈련

대장 이흥립이 지팡이를 버리고 와서 맞이했고 천총 이확은 군사를 이끌고 후퇴하였다. 그리고 대신 및 재신(宰臣)들은 군대의 함성소리를 듣고 모두 흩어져 도망갔다.
<u>김류 등이 단봉문(丹鳳門)을 열고 들어갔고</u>, 상(上)이 구굉, 심명세, 홍진도 등과 함께 잇달아 도착하였는데, 김류가 인도하여 인정전 서쪽 뜰에 가서 동향하여 호상(胡床)에 앉았고, 여러 장

창덕궁 실록으로 읽다
궁성과 문

창의문

사들이 줄지어 시위하고 있었으며, 궁 안의 시위 장졸은 모두 흩어졌다.

> **뱀의 발**
> **인조반정시 넘어왔던 창의문의 천장그림은 닭일까? 봉황일까?**
> 대체로 성문의 천장에는 봉황이나 용을 많이 그려넣지만, 창의문 만큼은 봉황

창의문의 천장그림

이 아닌 닭이라는 속설이 많이 퍼져 있다. 예를 들면 창의문 밖의 지세가 지네를 닮아서 그 지세를 누르고자 봉황 대신 닭그림을 그렸다고 전해지고 있다. 봉황(鳳凰)은 고대 중국에서 신성시했던 상상의 새로 기린, 거북, 용과 함께 사령(四靈)의 하나로 여겨졌다. 수컷을 봉(鳳), 암컷을 황(凰)이라고 하는데 그 생김새는 문헌에 따라 조금씩 다르게 묘사되어 있다.

우선 설문해자(說文解字)에는 봉의 앞부분은 기러기, 뒤는 기린, 뱀의 목, 물고기의 꼬리, 황새의 이마, 원앙새의 깃, 용의 무늬, 호랑이의 등, 제비의 턱, 닭의 부리를 가졌으며, 오색(五色)을 갖추고 있다고 하고, 악집도(樂汁圖)에는 닭의 머리와 제비의 부리, 뱀의 목과 용의 몸, 기린의 날개와 물고기의 꼬리를 가진 동물로 봉황의 모양을 묘사하고 있다. 한편 주서(周書)에는 봉의 형체가 닭과 비슷하고 뱀의 머리에 물고기의 꼬리를 가졌다고 하였는데, 이처럼 봉황의 모양은 한결같지 않지만, 대체로 모든 문헌에서의 큰 공통점은 닭의 머리와 다섯가지 색을 가지고 있다는 정도다.

그런데 봉황은 한 번 나타나면 천하가 태평하게 된다고 하여, 봉황은 곧 천자(天子)와 임금의 상징으로 사용하게 되었다. 구체적으로는 천자의 궁문에 봉황을 장식하여 '봉궐(鳳闕)', '봉문(鳳門)'이라 하였고, 천자의 수레를 장식하여 '봉거(鳳車)'나 '봉련(鳳輦)', '봉여(鳳輿)'라 했다. 이런 이유를 근거로 하여 창의문의 천장그림은 '봉황'으로 보는 것이 옳다고 본다.

그럼에도 불구하고 창의문의 천장그림을 봉황이 아닌 닭이라고 하는 이야기가 많이 퍼진 이유는 봉황이 기본적으로 닭의 머리를 하고 있고, 민간속설이나 풍수와 관련하여 닭과 지네의 상관관계로 풀이하거나 또는 창의문이 한양도성의 북서쪽 성문인 관계로, 12간지인 닭방향(酉, 9시방향=서쪽)과의 유사성으로 설명하는 것이 일견 설득력이 있어 보이기 때문이다.

중종반정과 인조반정의 차이점

인조반정은 조선왕조에서 성공한 4대 쿠데타(왕자의난, 계유정난, 중종반정, 인조반정) 중의 하나로, 1623년 3월 21일 서인을 주축으로 한 반정세력이 광해군 및 북인의 대북파 정권을 축출하고 능양군(인조)을 왕으로 옹립한 사건이다. 반정 당시 광해군에 대한 평가는 엇갈리는 부분이 많다. 왜란이 끝난 지 얼마 지나지 않았음에도 불구하고, 대규모 궁궐공사를 동시다발적으로 벌이는 등 민생은 매우 어려웠던 것이 분명하지만, 국제정세를 제대로 파악하여 명나라와 후금 사이에서 어느 한 쪽의 손을 들어주지 않고 실리를 취하는 중립외교 정책을 편 점은 매우 뛰어나다는 평가를 받고 있다.

그러나 대북파의 무고로 친형 임해군을 사사하고, 1613년 계축옥사가 일어나 이복동생 영창대군을 죽였으며, 선왕의 후비였던 인목왕후를 폐비시켜 서궁에 유폐하는 등, 왕실 가족을 대상으로 한 패륜 행위를 저질렀다. 결국 그런 것들은 반정군들에게 충분한 명분을 주었는데, 실제 반정군들의 명분 중 가장 큰 부분이 바로 폐모살제(廢母殺弟, 어머니를 유폐시키고 동생을 죽임)였다. 아래는 그 부분에 대한 실록기사다.

인조 1년(1623) 3월 13일

의병을 일으켜 즉위하다

상(上)이 의병을 일으켜 왕대비를 받들어 복위시킨 다음, 대비의 명으로 경운궁(慶運宮, 지금의 덕수궁)에서 즉위하였다. 광해군을 폐위시켜 강화로 내쫓고 이이첨 등을 처형한 다음, 전국에 대사령을 내렸다. …(중략)…
처음 광해가 동궁(東宮)에 있을 때 선묘께서 바꾸려는 의사를 두었었는데, 결국 광해가 왕위를 계승하게 되자 영창대군을 몹시 시기하고 모후를 원수처럼 보아, 그 시기와 의심이 날로 쌓였다. 적신 이이첨과 정인홍 등이 또 그의 악행을 종용하여 임해군과 영창대군을 해도(海島)에 안치하여 죽이고, 연흥부원군 김제남[왕대비의 아버지다.] 멸족하는 등 여러 차례 대옥(大獄)을 일으켜 무고한 사람들을 살육하였다. 상(上)의 막내 아우인 능창군 이전(李佺)도 무고를 입고 죽으니, 원종 대왕이 화병으로 돌아갔다. 대비를 서궁(西宮)에 유폐하고 대비의 존호를 삭제하는 등 그 화를 헤아릴 수 없었다. …(후략)…

연산군을 몰아낸 중종반정과 비교해서 인조반정의 특징으로는 첫째, 반정의 핵심이자 왕이 된 능양군(인조)은 중종처럼 추대된 것이 아니라 적극적으로 복수의 칼을 갈며 반정을 주도했다는 점이다. 인조의 아버지 정원군에게는 아들이 셋 있었는데, 장남은 인조가 되는 능양군이고, 차남이 능원군, 삼남이 능창군이었다.

그 중에서도 삼남 능창군은 어려서부터 재주와 지혜가 뛰어났고, 외모도 훤칠한 데다가 궁마술에 능해 말타기와 활쏘기를 잘 했고, 독서를 좋아하였기에 현공자(賢公子)란 별칭이 붙을 정도였다고 한다. 따라서 항간에는 제왕이 될 재목이라는 말이 돌았는데, 1615년에 능창군을 왕으로 추대하려 했다는 역모 고변이 있은 후에 역모로 몰려, 강화 교동(喬桐)에 위리안치된 후 스스로 목매 자진하였다. 평소에도 술을 좋아하던 정원군은 이 일로 화병을 얻어 폭음을 일삼다가, 마침내 세상을 떠나게 되었다. 아버지와 동생이 광해군 때문에 죽게 된 것이라고 생각한 능양군은 복수심에 불타, 반정에 적극 가담하여 스스로 왕위에 올랐다.

능창군이 역모로 몰려 죽을 때 일조한 것이 바로 인왕산 왕기설(仁王山 王氣說)이다. 당시 정원군의 집은 인왕산 기슭에 있었는데, 풍수지리가인 성지와 시문용 등에 의해서 인왕산 왕기설이 강력히 제기되자, 1616년에 광해군이 인왕산의 왕기를 누르기 위하여 인왕산 기슭의 민가를 헐고 승군을 징발하여 세 궁궐을 지었는데, 자수궁(慈

경덕궁(경희궁) 전경

壽宮)과 인경궁(仁慶宮: 지금의 사직동 부근) 그리고 경덕궁(慶德宮: 뒤의 경희궁) 이 었다. 그 중에서도 경덕궁은 정원군의 집을 빼앗아 허물고 그 위에 지은 궁궐이었다. 나중에 반정이 성공한 뒤 인조는 광해군의 흔적을 없애기 위해 인왕산에 지어진 세 궁궐을 없애고자 했으나, 경덕궁은 자신의 집이어서 제외시켰고, 훗날 지금의 경희궁이 되었다.

광해 8년(1616) 3월 24일
성지, 시문용 등으로 하여금 인왕산 아래에 새 궁궐터를 잡게 하다
왕이 성지(性智)와 시문룡(施文龍) 등에게 인왕산 아래에다 새 궁궐의 터를 잡게 하였다. 왕이 이의신의 말을 받아늘여서 장차 교하(交河)에 새 도읍을 세우려고 하였는데, 중론(衆論)이 한꺼번에 일어나서 그렇게 하지 못하였다. 이에 성지와 시문용 등이 왕에게 토목공사를 크게 일으키려는 뜻이 있음을 알고 몰래 인왕산 아래가 궁궐을 지을 만하다고 아뢰자, 왕이 크게 기뻐해서 즉시 터를 잡으라고 명하였다. …(중략)…
〔성지(性智)는 미친 중으로, 스스로 지리(地理)에 대한 방서(方書)를 잘 이해한다고 하였다. 글을 읽을 줄 몰라서 언문으로 풍수에 대해 논하였는데, 그 말이 예전 방술대로 하지 않아 괴이하고 어긋나서 가소로웠다. 그는 '인왕산은 돌산으로 몹시 기이하게 솟아 있으며, 또 인왕(仁王)이란 두 글자가 바로 길한 참언(讖言)이다. 그러므로 만약 왕자(王者)가 그곳에 살 경우 국가의 운수를 늘릴 수 있고 태평시대를 이룰 수 있다.'고 떠들어 대었으며, …(후략)…〕

북인의 씨를 말린 인조반정

　중종반정과 비교되는 인조반정의 두 번째 특징으로는 정권교체시 인적구성의 비율에 있다. 연산군 때는 정권을 구성하던 대부분의 신하들마저도 연산군에게 등을 돌리고 반정파에 붙었고, 반정파도 이를 선선히 받아준 반면, 인조반정 때는 광해군의 지지기반이었던 대북 전체가 완전히 괴멸되었는데, 반정을 묵인하던 소북까지도 포함하여 거의 북인의 씨를 말리는 수준으로 진행되어서, 향후 조선역사에서 북인은 흔적도 없이 자취를 감추게 되었다.

　반정의 과정에는 몇 차례 고비도 있었다. 우선 반정 직전 포섭한 이이반이라는 인물이 어찌된 셈인지 내막을 고변해, 반정 세력들 사이에서 혼란이 일어났다. 하지만 광해군은 후궁들과 연회에 빠져 그에 대한 대처를 소홀히 하였고, 또 관원들도 뒤늦게 대책을 강구하던 중에 반정군이 궁중에 들어와 인조반정이 성공할 수 있었다.

인조 1년(1623) 3월 13일
의병을 일으켜 즉위하다

…(전략)… 그런데 이이반(李而攽)이란 자가 그 일을 이후배, 이후원 형제에게 듣고 그 숙부 이유성에게 고하자, 유성이 이를 김신국에게 말하였다. 이에 김신국이 즉시 박승종에게 달려가 이이반으로 하여금 고변(告變)하게 하고 또 승종에게 이흥립을 참수하도록 권하였다. 이반이 드디어 고변하였으니 이것이 바로 12일 저녁이었다. 그리하여 추국청을 설치하고 먼저 이후배를 궐하에 결박해놓고 고발된 모든 사람을 체포하

려 하는데, 광해는 바야흐로 후궁과 곡연(曲宴)을 벌이던 참이라 그 일을 머물러 두고 재결하여 내리지 않았다. 승종이 이흥립을 불러서
"그대가 김류, 이귀와 함께 모반하였는가?" 하므로
"제가 어찌 공을 배반하겠습니까?" 하자 곧 풀어주었다.
…(후략)…

두 번째 고비는 대장을 맡기로 한 김류가 이이반의 고변이 있었다는 말에 위축되어 움직이지 않으려 했던 것이다. 대장이 움직이지 않자 반정군은 비상이 걸렸다. 이에 급한대로 무관인 이괄을 임시대장으로 삼아 거사를 진행했는데, 뒤늦게 합류한 김류가 자기 자리를 내놓으라고 하여 이괄과 마찰을 빚었던 것이 실록에 기록되어 있다. 사실 이괄 입장에서는 다급한 시점에 임시로 대장까지 맡으며 책임감있게 거사를 진행시켰지만, 반정 후 논공행상에서 철저히 배제되어 겨우 2등공신에 책봉되었을 뿐만 아니라, 반역의 무고까지 받자 더 이상 참지 못하고 난을 일으키니, 이것이 그 유명한 이괄의 난이다.

인조 1년(1623) 3월 13일
의병을 일으켜 즉위하다
…(전략)… 의병은 이날 밤 2경에 홍제원에 모이기로 약속하였다. 김류가 대장이 되었는데 고변이 있었다는 말을 듣고 포자(捕者)가 도착하기를 기다려 그를 죽이고 가고자 하였다. 지체하며 출발하지 않고 있는데 심기원과 원두표 등이 김류의 집

으로 달려가 말하기를,

"시기가 이미 임박했는데, 어찌 앉아서 붙잡아 오라는 명을 기다리는가." 하자 김류가 드디어 갔다. 이귀, 김자점, 한교 등이 먼저 홍제원으로 갔는데, 이때 모인 자들이 겨우 수백 명밖에 되지 않았고 김류와 장단의 군사도 모두 이르지 않은 데다, 고변서가 이미 들어갔다는 말을 듣고 군중이 흉흉하였다. 이에 이귀가 병사(兵使) 이괄을 추대하여 대장으로 삼은 다음 편대를 나누고 호령하니, 군중이 곧 안정되었다. 김류가 이르러 전령(傳令)하여 이괄을 부르자 이괄이 크게 노하여 따르려 하지 않으므로 이귀가 화해시켰다. …(후략)…

반정군들은 이미 사전에 내통한 훈련대장 이흥립의 도움으로 별다른 저항 없이 창덕궁을 접수했는데, 반정이 거의 성공했다고 느낄 무렵 궁궐에 불을 질렀다. 그 이유는 반정에 참여한 이들이 가족들에게 궁궐에 불길이 보이지 않으면 실패한 것으로 알고, 자결하라는 유언을 남겼기 때문이었다.

외조 일원

금천교

서울에서
가장 오래된
다리

정종의 우애가 묻어나는 금천교

　금천교(錦川橋 / 錦: 비단 금, 川: 내 천, 橋: 다리 교)는 돈화문 안쪽을 흐르는 금천(禁川)을 가로질러 놓여 있는 돌다리로, 돈화문과 진선문 사이에 위치하고 있는데, 1411년에 완공되어 현존하는 궁궐 안 돌다리뿐만 아니라, 서울의 다리 중에서도 가장 오래된 것이라는 점에서 역사적 가치를 인정받아, 2012년 3월 보물 제1762호로 지정되었다. 이 다리 건설공사는 조선초기 대규모 토목공사를 도맡아 하던 박자청이 감독을 했다.

금천교

태종 11년(1411) 3월 18일
창덕궁의 누각,
침실과 진선문 밖의 돌다리 공사에 박자청을 감독관으로 하다
누각과 침실을 창덕궁에 짓고, 또 진선문(進善門) 밖에 돌다리[石橋]를 놓았는데, 공조판서 박자청을 시켜 그 역사를 감독하게 하였다.

또한 금천교와 관련된 기사 중에서 태종에게 왕위를 물려준 뒤 상왕으로 물러나 있던 정종이, 태종과 함께 술자리를 가진 후, 태종이 정종을 금천교까지 배웅을 하는 부분이 있다.

창덕궁 실록으로 읽다
외조 일원

태종 11년(1411) 윤12월 10일
상왕을 맞아 술자리를 베풀고 격구하며 즐기다
임금이 상왕(上王. 정종)을 받들고 내전(內殿)에 술자리를 베풀었다. 격구(擊毬)하고 극진히 즐기었는데, 종친이 참여하였다. 상왕의 어가(御駕)가 돌아가니, 임금이 돈화문(敦化門) 안 돌다리[石橋]까지 전송하고 꿇어앉아,
"양친이 다 돌아가셨으니, 이제 효도하고 봉양할 데가 상위(上位)를 제쳐놓고 누구 이겠습니까?" 하니, 상왕이 말하였다.
"그렇도다."

정종(이방과)은 조선의 왕들 중에서는 가장 주목을 덜 받는 왕 중 하나다. 원래 왕위에는 뜻이 없었다고 전해지는데, 동생 이방원이 제1차 왕자의 난을 일으키면서 내세운 쿠데타 명분이 적장자계승이었기 때문에, 어쩔 수 없이 형제들 중 제일 맏형이었던 그가 왕세자의 자리에 올라야만 했다. 왕자의 난 당시, 이성계의 장남인 이방우는 이미 사망했었기에 차남이던 이방과가 그 자리를 받았다. 그리고 나서 1개월 후인 1398년 9월, 태조가 양위함에 따라 조선 제2대 국왕으로 등극하였다. 하지만 재위기간 동안에도 정사에는 큰 관심은 없었고, 격구나 사냥을 즐긴 것으로 실록에는 기록되어 있다.

정권의 실세는 동생 이방원임을 잘 알고 있던 정종은 동복형제간에 제2차 왕자의 난까지 겪자, 재위 2년 2개월만에 방원에게 왕위를 물려주고 상왕(上王)으로 물러났다. 이는 정종의 입장에서 굳이 왕위에는 연연해 하지 않았을 뿐만 아니라, 실질적 권력자인 이방원을

인정해 줌으로써 정치적인 부담에서 벗어나려 한 것으로 보인다.

또한 맏형으로서 남아있는 형제들 간의 반목을 일소하고 정치를 안정시키기 위해 노력했는데, 재위 중일 때나 선위하고 나서도 형제간의 친목에 많은 관심을 기울였다. 특히 재위 중에 삼성(三省, 최고의 의정기능을 하던 세 기관인 의정부, 사헌부, 의금부)이 제2차 왕자의 난을 일으킨 이방간을 탄핵하기 위해 논의하려 할 때, 친동생에 대한 형제간 정으로써 논의를 미연에 차단, 금지시켰고, 위의 1411년 실록 기사도 그런 형제간의 훈훈한 장면 중의 하나이며, 이런 기록은 실록 속에 꽤 여러 개가 전한다.

세종 즉위년(1418) 10월 27일
상왕이 노상왕에게 첫눈을 봉하여 올리다.
첫눈 봉하여 서로 장난하는 풍습
상왕(태종)이 첫눈을 봉(封)하여 약이(藥餌)라 일컫고, 내신 최유(崔游)를 보내어 장난삼아 노상왕(정종)전에 올리니, 노상왕은 미리 알고 사람을 시켜 최유를 쫓아가 잡으라고 하였으나, 미처 잡지 못하였다. 고려 국속(國俗)에 첫눈을 봉하여 서로 보내는데, 받은 사람은 반드시 한턱을 내게 되며, 만약 먼저 그것을 알고 그 심부름 온 사람을 잡으면, 보낸 사람이 도리어 한턱을 내게 되어, 서로 장난한다고 하였다.

250여년간 왕대접을 받지 못한 정종

하지만 그는 태종으로부터는 제대로 왕대접을 받지 못했다. 그 증거로 국왕이 사망하여 국상을 치를 때에는 후대왕이 상주가 되어야하는 원칙이 있지만, 정종의 상주는 왕위계승자인 이방원이 아니라, 정종의 서장자인 의평군 이원생이 상주가 되었던 것이다. 뿐만 아니라 조선의 국왕이라면 당연히 종묘에 모시면서 묘호를 올려야 하는데, 조선조정에서는 묘호를 올리지 않았고, 그저 명나라에서 보내온 공정이라는 시호만을 사용해서, 묘효 없이 공정대왕(恭靖大王)이라고만 불렀다. 우리가 알고 있는 정종이라는 묘호는 사후 250여년 만인 1681년 숙종 7년에 송시열에 의해 정해졌다.

> 숙종 7년(1681) 9월 18일
> 공정대왕의 묘호를 정종이라 협의 결정하다
> <u>공정대왕(恭靖大王)의 묘호(廟號)를 정종(定宗)이라고 협의하여 결정</u>하였는데, 대체로 시법(諡法, 시호(諡號)를 의정(議定)하는 법)의 백성을 편안하게 하고 크게 염려하였다는 글을 취한 것이었다.

태종의 뒤를 이은 세종 역시 정종을 정식 조선왕으로 인정하지 않았는데, 그 증거가 바로 용비어천가다. 용비어천가 제1장은 이렇게 시작한다.

> <u>해동육룡(海東六龍)</u>이 나르샤: 해동(조선)에 여섯 용이 나시고
> 일마다 천복(天福)이시니: 하는 일마다 하늘이 돕지 않음이 없으니
> 고성(古聖)이 동부(同符)하시니: 옛 성인이 똑같으시도다.

경복궁 영제교

　여기서 해동육룡은 세종의 선대(先代) 여섯 왕을 뜻한다. 조선은 유교국가이므로 부친, 조부, 증조부, 고조부까지 위로 4대봉사를 한다. 따라서 태조 이성계의 4대조인 '목조, 익조, 도조, 환조'는 추존왕이 되었다. 종묘의 영녕전에 가 보면, 가운데 지붕이 유난히 높은 4칸이 있는데, 그 곳에 추존 4대조가 모셔져 있다. 그리고 나서 태조와 태종까지 합치면 총 여섯 명의 왕이 되는데, 여기서는 당연히 정종은 빠져야 계산이 맞게 된다.

•• 뱀의 발

모든 궁궐은 초입에 반드시 돌다리를 건너가던데 왜 그럴까?
　경복궁에는 영제교, 창덕궁에는 금천교, 창경궁에는 옥천교 등 모든 궁궐은 돌다리를 건너간다. 돌다리를 건너간다는 것은 다리로 건너야만 하는 물길이 있다는 뜻이다.

모든 궁궐은 물길로 둘러싸여 있는데 그 이유는 풍수지리에 있다. 흔히 풍수지리는 어렵다고 생각하는 경향이 있는데 어렵게 생각할 필요가 없다. 풍수지리는 글자 그대로 풍(風) 바람과, 수(水) 물을 이용해서, 지(地) 땅을 찾는, 리(理) 이론이다. 더 간단히 풍수라고도 하는데 핵심이 바람과 물이기 때문이다. 물론 찾으려고 하는 땅은 좋은 땅, 풍수용어로는 명당이라고 한다.

상식적으로 궁궐은 풍수명당에 만들어야 한다. 그런데 어디가 명당일까? 명당은 생명의 기운인 생기(生氣)가 많이 모인 곳이다. 생명의 기운은 기체처럼 가볍다. 그래서 바람이 심한 곳에는 생기가 흩어진다. 바람이 심하지 않은 곳을 찾다 보니 산줄기로 둘러싸인 곳이 안성맞춤이다. 풍수에서는 왼쪽 산줄기를 좌청룡이라고 하고, 오른쪽 산줄기를 우백호라고 한다.

사방이 모두 산줄기로 막혀있으면 바람이 없어서 좋기는 하지만, 답답해서 살 수가 없다. 그래서 한쪽 방향이 터진 곳을 찾는데 기왕이면 남쪽이 터진 쪽이 좋다. 그래야 볕이 가장 많이 들어오기 때문이다. 그런데 한쪽 방향이 터지면 기껏 모아둔 생기가 터진 남쪽으로 흘러내린다. 따라서 생기가 흘러나가지 못하도록 하는 장치가 필요한데 그것이 바로 물길이다. 생기는 물길을 건너가지 못하는 특성이 있다.

따라서 궁궐을 비롯한 모든 풍수 명당은 생기가 흘러나가지 못하도록 그 앞을 가로지르는 물길이 있고, 따라서 그 물길을 건너가는 돌다리가 필요한 것이다.

창경궁 옥천교

진선문

신문고가
설치되다

중국 등문고 제도를 모방한 신문고 제도

　진선문(進善門 / 進: 나아갈 진, 善: 착할 선, 門: 문 문)은 궁궐의 3문 구조에서 두번째 문인 중문(中門)으로, 경복궁의 흥례문, 또는 경희궁의 건명문[미복원]과 성격이 같다. 여기서 진선(進善)의 뜻은 '선한 말을 올린다'는 의미와 '훌륭한 사람을 천거한다'는 의미를 동시에 가지고 있다. 이런 식으로 궁궐의 정문과 정전(正殿)의 정문 사이에 다시 한 번 문을 만들어 놓은 것은, 정전(正殿)인 인정전의 권위를 높이기 위함이다. 그런데 이 진선문에는 매우 유명한 북이 설치되었으니 바

창덕궁 실록으로 읽다
외조 일원

로 신문고다. 1401년 태종1년에 신문고제도를 논의한 실록의 기사를 보자.

태종 1년(1401) 8월 1일
억울한 사람은 등문고를 치도록 하자는 의정부의 상소.
신문고로 고치다
고(告)할 데가 없는 백성으로 <u>원통하고 억울한 일을 품은 자는 나와서 등문고(登聞鼓)를 치라고</u> 명령하였다. 의정부에서 상소하기를,
"서울과 외방의 고할 데 없는 백성이 원억(冤抑)한 일을 소재지의 관사(官司)에 고하여도, 소재지의 관사에서 이를 다스려 주지 않는 자는 나와서 등문고를 치도록 허락하고, 등문(登聞)한 일은 헌사(憲司)로 하여금 추궁해 밝혀서 아뢰어 처결하여, 원억한 것을 펴게 하고, 그 중에 사(私)를 끼고 원망을 품어서 감히 무고(誣告)를 행하는 자는 반좌율(反坐律)을 적용하여, 참소하고 간사한 것을 막으소서." 하여, 그대로 따르고, <u>등문고를 고쳐 신문고(申聞鼓)</u>라 하였다.

그러나 처음 신문고가 설치된 곳은 한양이 아닌 개경이었다. 왜냐하면 1401년에는 수도가 개경으로 돌아갔던 때였고, 아직 한양으로는 재천도를 하지 않았을 때였다. 실제 신문고가 설치된 때는 의정부의 상소가 있고 난 후, 두달 반만이었다.

진선문

태종 1년(1401) **11월 16일**
하륜 등에게 신문고 유래의 설치 등에 대해 묻다
…(전략)… 임금이 또 묻기를, "등문고(登聞鼓. 신문고)는 어느 시대에 시작되었는가?" 하니, 하륜이 "송나라 때에 시작되었습니다." 하였다. 임금이 "송조(宋朝) 이전에도 있었는가?" 하니, 하륜이 말하기를, "이것은 삼대(三代)의 법입니다." 하였다. 상(上)이 말하기를, "그런가? <u>진선(進善)의 정(旌. 요제(堯帝) 때에 가도(街道)에 기(旗)를 세워놓고, 선언(善言)을 드릴 자가 있으면 그 기 아래에 서게 하였다는 고사)도 또한 이것과 같다."</u>

여기서 우리가 주목할 부분은 신문고(등문고)가 설치된 법이 전설상

경복궁의 흥례문

인물인 요임금 때의 '진선(進善)의 정(旌)'과 같다는 태종의 말이다. 따라서 창덕궁의 중문 이름이 진선문인 까닭도 혹시 여기에서 비롯된 것이 아닌가 유추해 볼 수 있다. 이후 신문고를 친 사연이 실록에 여러 건이 등장한다. 그러다가 영조때에 신문고를 다시 설치할 것을 명하는 실록기사가 등장한다.

영조 47년(1771) 11월 23일
고례에 따라 신문고를 다시 설치할 것을 명하다
국초(國初)의 고례(古例)에 의거하여 창덕궁(昌德宮)의 진선문(進善門)과 시어소(時御所. 경희궁)의 건명문(建明門) 남쪽에 신문고(申聞鼓)를 다시 설치하도록 명하고, 하교하기를,

"이와 같이 구법(舊法)을 회복한 후에는 차비(差備)를 물론하고 길에서 바라를 치는 자는 비록 사건사(四件事, 상언(上言)이나 격고(擊鼓)할 수 있다고 허용된 네 가지 일)에 관계된다 하더라도 장(杖)을 때리고, 비록 신문고(申聞鼓)를 쳤다 할지라도 사건사(四件事)에 관계되지 않는 자는 호남의 연해에 충군(充軍)시키도록 하라. 만약 사건사가 아니면, 형추(刑推)하여 정배하는 일을 기록하여 정식(定式)으로 삼도록 하라. 그리고 신문고의 전면과 후면에 '신문고(申聞鼓)'라고 세 글자를 써서, 우부우부(愚夫愚婦)로 하여금 모두 알게 하라." 하였다.

영조실록의 기사에 의하면 신문고는 창덕궁과 경희궁 두 곳에 설치된 것으로 나오는데, 모두 중문[진선문과 건명문]에 설치하였다. 그런데 신문고의 남용을 방지하기 위해, 규정에 의하지 않고 아무렇게나 또는 무고로 칠 경우에는, 호남의 연해에 충군시키라는 어명이 있었다. 이는 옛날에도 군대가는 것이 무척이나 힘든 일이었으며, 특히 같은 병역을 치르더라도 육군보다는 수군이 훨씬 더 힘든 것임을 짐작케 한다.

신문고의 숨은 목적은 백성의 원한을 풀기 위함 보다는
내부 단속을 통한 왕권강화

한편 신문고가 설치된 곳이 궁궐의 중문이라는 점이 좀 이상하게 생각된다. 상식적으로 생각해봐도 궁궐은 일반 백성이 쉽게 접근할 수 없는 곳인데, 왜 굳이 신문고를 궁궐의 중문에다 설치를 했을까? 신문고의 남용을 막기 위한 것만으로 보기에는 뭔가 설득력이 부족한 면이 있는 것 같다.

  일단 신문고를 이용하는 절차를 알아보면, 한양에 사는 백성들은 1차로 자기가 사는 곳의 관아를 거치고, 2차로 사헌부에서 허가를 받고, 마지막에 의금부에서 조사를 거쳐 신문고를 쳐야 했다. 지방에 사는 백성들은 더 까다로워서, 1차로 자기가 사는 고을의 원님에게 확인서를 받고, 2차로 자기가 속한 도의 관찰사의 확인서까지 받은 후에, 3차로 사헌부를 거치고 4차로 의금부를 통과한 후 신문고를 칠 수 있었다. 이렇듯 절차가 복잡하고 어려운 것은, 물론 신문고의 남용을 방지하기 위해서다.

  그러나 예외적으로 모든 절차를 무시하고 신문고를 곧 바로 칠수 있었던 사유는 역모와 같은, 왕권에 도전하는 모든 시도에 적용되었다. 따라서 정상적인 경우에는 반드시 사정기관인 사헌부와 의금부를 거치게 한 점이라든지, 일반 백성은 접근하기 어려운 궁궐의 중문에 신문고를 설치한 진짜 숨은 목적은, 일반 백성을 위하는 것이 아니라, 내부 고발자 등 왕권을 강화하려는 목적이 더 강하다는 해석도 가능하다.

  이렇듯 신문고의 남용을 막기 위한 강한 처벌규정이 있었음에도 불구하고, 사사로운 목적으로 신문고는 자주 이용되었는데 처벌은 미미했다. 이런 이유 때문에 신문고 제도가 활발히 운영된 것은 태종~문종대 뿐이었고, 그 이후로는 격쟁(擊錚, 억울한 일을 당한 사람이 임금이 거둥하는 길가에서 징이나 꽹과리를 쳐서 임금에게 하소연하던 제도)이나 가전신정(駕前伸呈, 임금의 행차 앞에서 글을 올리거나 억울함을 호소함)의 이용과 함께 유명무실해져서, 신문고의 폐지와 부활이 자주 반복되었다.

문종 1년 9월 8일
큰 사건이 아닌 일에 신문고를 치지 못하도록 건의하다

세조 3년 2월 8일
월소 및 신문고를 함부로 치는 자는 율문을 인증하여 논단하게 하다

성종 2년 12월 15일
신문고 제도가 중지된 연유를 묻고 그것을 부활하게 하다

성종 21년 7월 23일
등문고를 설치한 뜻을 바르게 하도록 승정원에 전교하다

중종 1년 10월 25일
거짓으로 등문고를 친 자 이외에 징을 친 자는 죄주지 말게 하다

영조 47년 12월 25일
신문고의 철폐를 명하였다가 환침하다

영조 51년 5월 1일
신문고를 함부로 쳐서 억울함을 호소하는 것을 금하도록 명하다

정조 7년 1월 18일
신문고와 쟁을 멋대로 치는 폐단에 대해 논하다

궐내각사
[내각 일원]

제2의 규장각

내각은 곧 내규장각이다

돈화문을 들어서자마자 약 100미터 앞 맞은편에 보이는 곳이 궐내각사 구역이다. 이곳에는 현재 금천을 끼고 좌우측에 내각(규장각), 검서청, 봉모당, 책고, 예문관, 옥당(홍문관), 약방(내의원), 선원전 등의 전각들이 밀집된 형태로 남아있다.

내각은 규장각의 별칭인데 내규장각(궁궐 내의 규장각)의 줄임말로, 정조임금이 즉위한 1776년 궐내에 설치되었고, 역대 국왕의 시문, 친필 서화, 고명(顧命), 유교(遺敎), 선보(璿譜=王世譜, 왕의 족보), 보감(寶鑑) 등

동궐도 궐내각사 구역 [동아대학교박물관]

을 보관 관리하던 곳으로 출발했지만, 점차 학술 및 정책 연구기관으로 변해 갔다.

> 정조 즉위년(1776) 9월 25일
> 규장각을 창덕궁 금원의 북쪽에 세우고 제학,
> 직제학, 직각, 대교 등 관원을 두다
> 규장각(奎章閣)을 창덕궁 금원(禁苑)의 북쪽에 세우고 제학(提學),
> 직제학(直提學), 직각(直閣), 대교(待敎) 등 관원을 두었다. …(중략)…

규장각 제도를 만든 뒤, 우선 영조의 어필과 어제를 봉안하는 전각을 창덕궁 내에 세워 봉모당(奉謨堂)에 모시고, 사무 청사인 이문원

규장각

(摛文院) 등을 내각으로 하였고, 주로 출판의 일을 맡아보던 교서관을 병합해서 외각으로 했는데, 특별히 강화도에 열조(여러 대의 임금의 시대)의 어제, 서적 등을 보관하는 강도외각(江都外閣)을 따로 구성했으니, 강도외각은 곧 강화도 외규장각이다. 병인양요 때 프랑스군에 수탈당한 그곳이다.

처음 규장각 건물을 만든 장소는 창덕궁 후원의 부용지가 내려다보이는 언덕이었다. 지금도 그곳에는 2층의 누각형태로 남아있는데, 1층에 규장각, 2층에 주합루라는 편액이 걸려있다. 그런데 돈화문의 맞은편에 있는 내각과 규장각은 또 무엇이란 말인가? 그 해답이 정조실록에 들어있다.

부용지 주합루

정조 5년(1781) 윤5월 11일

승정원을 승문원으로 이접하고, 옥당을 옛 강서원으로 이접하다

명하여 승정원을 승문원(承文院)으로 이접(移接. 거처를 옮겨 자리를 잡음)하고, 옥당을 옛 강서원(講書院)으로 이접하고, …(중략)… 규장각은 옛 계방(桂房)으로 이접하고, 승지(承旨)와 사관(史官)은 나누어 서소(西所)에 입접(入接)하게 하여 단지 요금문(曜金門)의 개폐(開閉)만을 구관(句管)하게 하고, …(후략)…

1781년(정조 5)에 대대적으로 궁궐내 관아들의 자리배치를 다시 했는데, 이때 부용지에 있던 규장각의 일부 기능이 돈화문 근처로 이전을 했지만, 부용지의 규장각도 그대로 남겨 두었다. 쉽게 말해 제1청사, 제2청사로 활용한 것으로 볼 수 있다.

궐내각사
[옥당 일원]

출세의 관문

옥당은 홍문관의 별칭이다

　옥당은 홍문관(弘文館)의 별칭인데, 궁중의 경서(經書), 사적(史籍)의 관리와 문한(文翰)의 처리 및 왕의 각종 자문에 응하는 일을 관장하던 관서였다. 특히 사헌부(司憲府), 사간원(司諫院)과 더불어 이른바 언론(言論) 삼사(三司)라고 했는데, 조선시대 대표적인 청요직(淸要職)의 상징으로서, 정승, 판서 등 고위 관리들은 거의 예외없이 청요직을 거쳐갔다.
　홍문관의 업무는 원래 집현전에서 맡아 했었는데, 계유정난 이후 집현전 학자들 가운데서 세조의 왕위찬탈에 반대한 사육신, 생육신 등이 많이 나오자 세조는 집현전을 폐지시켰고, 이후 예문관과 홍문관에서 그 기능을 맡게 되었다.

또한 홍문관은 왕의 자문에 응하는 임무 때문에 자주 왕에게 정사의 옳고 그름을 논하거나 간언하는 입장에 있었는데, 만약 사헌부와 사간원[양사라고 불렸다]의 합계(合啓)에도 왕이 그 간언(諫言)을 듣지 않으면, 마지막으로 홍문관을 합하여 3사 합계로 간언하였다. 하지만 연산군은 그런 언관들의 견제가 싫어서 언로를 완전히 막아버린 후 폭정을 이어갔다. 그 부분에 대한 실록기사를 살펴보자.

연산 12년(1506) 9월 2일
중종이 경복궁에서 즉위하고 연산군을 폐하여 교동현에 옮기다
…(전략)… 드디어 조종(祖宗)들의 옛 제도를 모두 고쳐 혼란케 하였는데, 먼저 홍문관 사간원을 혁파하고 또 사헌부의 지평 2원(員)을 없앰으로써 언로(言路)를 막았고, 손바닥 뚫기[穿掌], 당근질하기[烙訊], 가슴빠개기[斬胸], 뼈바르기[剮骨], 마디마디 자르기[寸斬], 배가르기[刳腹], 뼈를 갈아 바람에 날리기[碎骨飄風] 등의 이름이 있었으며, 말이 조금만 뜻에 거슬리면 명령을 거역한다 하고, …(중략)…
익명서(匿名書) 및 다른 죄로 잡힌 자가 사연이 서로 연루되어 옥을 메웠는데, 해를 넘기며 고문하여 독한 고초가 말할 수 없었다. …(후략)…

반면 다른 왕들은 철저히 언로를 보장해 주었는데 그것도 제도적

옥당(홍문관)

으로 보장해주었다. 예를 들면 청요직인 홍문관의 관원을 뽑을 때는 임금이나 이조에서 일방적으로 정하는 것이 아니라, 반드시 홍문록(弘文錄, =본관록+정부록)에 오른 사람을 대상으로 뽑았다.

좀 더 자세히 설명하자면, 우선 홍문관의 고위 관리들이 한 자리에 모여 학문과 인격이 있는 것은 물론, 가문에도 허물이 없는 사람을 대상으로 비밀기표를 통해 1차 리스트인 본관록을 선정하면, 그 리스트가 이조를 거쳐 의정부에 보내져서, 대신들의 조정을 거쳐 2차 리스트인 정부록(도당록)이 결정되었다. 만약 홍문관에 결원이 생기면, 정부록(도당록)중 3인을 뽑아 이조에서 추천하면, 임금이 그 중 한 사람을 낙점하여 결정하였다.

이렇듯 청요직에 대해서는 제도적으로 독립을 보장할 수 있는 장치가 마련되어 있었기 때문에, 조직을 청탁이나 부정부패로부터 보호하여 조직의 건전성을 계속 유지할 수 있었고, 전랑자천제(銓郞自薦制)와 더불어 조선왕조가 무려 500년이 넘도록 지속할 수 있는 원동력이 될 수 있었다.

> 효종실록 1권, 효종 대왕 행장(行狀)
> 제일 먼저 언로(言路)를 열어 말을 하도록 계도(啓導)하였으며, 소장을 올려 폐단을 말하거나 잠언(箴言)을 올려 규풍(規諷)하는 사람이 있으면 호피(虎皮)나 표피(豹皮)를 하사하기도 하고, 마장(馬裝)을 하사하기도 하였다. 홍문관의 학사(學士)는 홍문록에 기록된 사람을 쓰는 것이 관례였으나, 그의 말이 정직한 것을 가상하게 여긴 경우에는 죄를 사면시키고 곧바로 수찬에 제배하였으며, 과감하게 간쟁하는 사람은 삼사의 관원으로 자주 발탁 기용하기도 하는 한편, 돌려가면서 교대로 인견하여 잘못을 규핵하는 책임으로 면려시켰다.

•• 뱀의 발

조선시대 관직(벼슬) 완전정복

국가통치조직에서 나라일을 담당하는 직위나 직무를 통칭하는 용어인 관직(官職)을 순 우리말로 하면 벼슬이다. 조선을 포함한 전근대 사회는 모두 신분제 사회로, 관직(벼슬)은 국가기구의 통치와 운영을 담당하는 기능적인 측면과 함께, 통치자와 피통치자를 구분하는 지표로서 사회적으로 중요한 의미를 지닌다.

구분	품계표 (품品)	품계표 (계階)	문반계	文班階	외명부 문무관의 처(妻)	무반계	武班階	내명부
당상관 堂上官	정1품 正1品	상계 上階	대광보국숭록대부	大匡輔國崇祿大夫	정경부인 貞敬夫人	대광보국숭록대부	大匡輔國崇祿大夫	빈 嬪
		하계 下階	보국숭록대부	輔國崇祿大夫		보국숭록대부	輔國崇祿大夫	
	종1품 從1品	상계	숭록대부	崇祿大夫		숭록대부	崇祿大夫	귀인 貴人
		하계	숭정대부	崇政大夫		숭정대부	崇政大夫	
	정2품 正2品	상계	정헌대부	正憲大夫	정부인 貞夫人	정헌대부	正憲大夫	소의 昭儀
		하계	자헌대부	資憲大夫		자헌대부	資憲大夫	
	종2품 從2品	상계	가정대부	嘉靖大夫		가정대부	嘉靖大夫	숙의 淑儀
		하계	가선대부	嘉善大夫		가선대부	嘉善大夫	
	정3품 正3品	상계	통정대부	通政大夫	숙부인 淑夫人	절충장군	折衝將軍	소용 昭容
당하관 중 참상관		하계	통훈대부	通訓大夫	숙인 淑人	어모장군	禦侮將軍	
	종3품 從3品	상계	중직대부	中直大夫		건공장군	建功將軍	숙용 淑容
		하계	중훈대부	中訓大夫		보공장군	保功將軍	
	정4품 正4品	상계	봉정대부	奉正大夫	영인 令人	진위장군	振威將軍	소원 昭媛
		하계	봉렬대부	奉列大夫		소위장군	昭威將軍	
	종4품 從4品	상계	조산대부	朝散大夫		정략장군	定略將軍	숙원 淑媛
		하계	조봉대부	朝奉大夫		선략장군	宣略將軍	
	정5품 正5品	상계	통덕랑	通德郎	공인 恭人	과의교위	果毅校尉	상궁 尙宮
		하계	통선랑	通善郎		충의교위	忠毅校尉	
	종5품 從5品	상계	봉직랑	奉直郎		현신교위	顯信校尉	
		하계	봉훈랑	奉訓郎		창신교위	彰信校尉	
	정6품 正6品	상계	승의랑	承議郎	의인 宜人	돈용교위	敦勇校尉	
		하계	승훈랑	承訓郎		진용교위	進勇校尉	
	종6품 從6品	상계	선교랑	宣教郎		여절교위	勵節校尉	
		하계	선무랑	宣務郎		병절교위	秉節校尉	
참하관	정7품	無階	무공랑	務功郎	안인 安人	적순부위	迪順副尉	
	종7품	無階	계공랑	啓功郎		분순부위	奮順副尉	
	정8품	無階	통사랑	通仕郎	단인 端人	승의부위	承義副尉	
	종8품	無階	승사랑	承仕郎		수의부위	修義副尉	
	정9품	無階	종사랑	從仕郎	유인 孺人	효력부위	效力副尉	
	종9품	無階	장사랑	將仕郎		전력부위	展力副尉	

조선시대 품계표

양반=동반(東班: 문관)+서반(西班: 무관)

조선의 지배계층인 양반이란 말도 여기서 유래한 것으로, 궁궐안 임금 앞에서 조회를 할 때, 조정마당에 동, 서 양쪽으로 늘어선 동반(東班: 문관)과 서반(西班: 무관)을 합친 용어다. 육방, 서리(胥吏)같은 하급행정직이나 사역직은 '구실'이라고 하여, 일반적인 관직과는 구별했다.

한 개인이 벼슬을 얻는 것은 그가 속한 가문 전체의 위상과 그들이 누리는 사회적 특권, 주택, 복식에까지 영향을 미쳤다. 따라서 오랫동안 관료를 배출하지 못하거나 범죄 등으로 인해 관료세계에서 배제된 가문일 경우, 심할 때는 피지배층으로까지 격하되었다.

조선시대에는 과거를 볼 때 신분판별을 위해서 4내조(친부, 조부, 증조부, 고조부) 안에 현관(顯官: 9품 이상의 문무관)을 지낸 자가 있는 가를 고찰하는 관행이 있었다. 고려의 관직체계가 중국식 문산계, 무산계를 받아들인 뒤, 이는 조선으로 이어졌는데, 문산계, 무산계는 정1품에서 종9품의 품계로, 관직 그 자체가 아니라 관직을 받을 수 있는 자격과 그가 취득할 수 있는 관직의 상한을 결정했다.

관직=실직+산직

관직은 크게 실직(實職)과 산직(散職)으로 구성된다. 실직은 실근무처가 있는 관직이며, 산직은 근무처는 없고 명칭만 있는 허직(虛職)이다. 산직은 실제로 필요한 관직과 관원 수는 제한되어 있는 상황에서 국가가 관직을 매개로 지배층의 신분을 보증하고, 지배층 내부를 계층서열화하는 역할을 했다. 실직을 보유했던 관리도 퇴임하면 최종적으로 역임한 산직과 산계를 그대로 보유했으므로, 행정상의 명령계통 외의 사회적 대우에는 산직과 산계가 중요한 기준이었다.

관직=고위직(통치직)+하위직(행정, 기술직)

한편 벼슬 중에서도 통치직이라 할 수 있는 고위직은 행정직·기술직에 해당하는 하급관직과 질적으로 구분되었으며, 그에 따른 특권과 예우도 큰 차이가 났다. 2품 이상은 재상(宰相)으로 최고의 권한을 누렸다. 또한 조회(朝會)에 참여할 수 있는, 즉 정치권에 해당하는 품계의 기준을 6품으로 설정하고, 6품 이상은 참상(參上), 그 이하는 참하(參下)라고 하여 구분을 두었다.

실직=정직+체아직

실직은 정직과 체아직(遞兒職: 여러 사람이 돌아가면서 일정기간 동안 한 관직에 복무하며, 복무기간 동안만 녹봉을 받는 관직)으로 구성되었다. 정3품 당상관 이상의 관직은 모두 정직이며, 백성을 직접 통치하는 관직인 외관직도 모두 정직이었다. 체아직은 주로 기술관, 군인, 사역인들이 받는 관직으로, 순수하게 기능적인 차원에서 마련되었다. 그리고 실직 가운데는 국가에서 녹을 받지 않는 무록관의 일부도 포함되는데 무록관이 소속된 관아는 그 지위가 정직자로만 구성된 관직에 비하여 비중이 낮았고, 또 무록직(無祿職)은 정직에 비해 여러 면에서 열등했다. 한편, 산직은 모두 무록직으로 했다.

양반들의 최고 영예: 당상관

품계별로 보면 크게 6품을 기준으로 참상, 참하의 구분이 있다. 참상관 중에서도 정3품 상계의 통정대부(通政大夫) 이상을 특별히 당상관(堂上官)이라고 했는데, 조회 때 임금과 더불어 정사를 논의하는 정당(政堂) 위[上]의 교의(交

倚, 의자)에 앉을 수 있는 관직을 의미했으며 영감으로 호칭되었다.

이들이 정치, 군사 양면에서 중요관서의 기관장을 담당하고 인사권을 행사했다. 이들은 의례적으로 여러 관서의 장을 겸임했으며, 관아의 위상이 낮아서 최고 책임자가 당상관이 아닌 관아에 대해서는 제조(提調)라 하여 타관서의 당상관이 책임관을 겸임했다. 이렇게 주요 관아가 대부분 당상관에 의해 장악되므로, 실직, 산직을 막론하고 당상관에 해당하는 벼슬의 특권과 권위는 대단히 높았다.

당상관은 승진에서 일반인사 규정에 구애되지 않으며, 범죄를 저질러 파면된 자도 유예기간 없이 재임명될 수 있었다. 은퇴 후에도 각종 국가행사와 축일의 행사에 참여했다. 자손의 과거, 음서 등에도 큰 혜택을 받았으며, 낭상관의 가족만이 유옥교자(有屋轎子, 지붕 있는 가마)를 탈 수 있는 등의 대우를 받았다. 이 중에서도 재상인 정2품 이상의 당상관은 더욱 특별한 대우를 받았다. 이들 만이 대감으로 호칭되며, 초헌(軺軒)을 타며, 은퇴 후에는 기로소(耆老所)에 등록되었다. 이들의 천첩 자녀는 양민으로 신분이 상승되었으며, 이들의 조상은 3대가 추증(追贈)되었다.

이들이 사망하면 조회를 정지하며, 국가에서 예장(禮葬)을 치르고 시호를 내렸다. 무덤에는 신도비를 세울 수 있으며, 실록에는 약전인 졸기(卒記)를 수록했다. 그러므로 이에 해당하는 벼슬은 조선시대 양반들에게는 최고의 영예로 간주되었다.

실직 중에서도 업무의 성격에 의해 특별한 대접과 영예를 누리는 벼슬이 있었다. 삼공(三公, 삼정승)은 최고 관직이란 점에서 모든 관료의 선망이 되었다. 6조판서 중에서는 문, 무관의 인사권을 장악한 이조, 병조판서의 위상이 높았으며, 상대적으로 공조판서의 격은 떨어졌다.

관리의 기강을 단속하고 왕에게 간언하는 임무를 맡은 사헌부와 사간원의 우두머리인 대사헌과 대사간, 그리고 그 부서의 관원인 대간들도 의례, 법식에서 타관원과 구별되었다. 예문관과 홍문관의 우두머리인 대제학은 학문을 겸비한 사람이 임명되어야 한다는 점에서 유생들에게 존경을 받았으며, 이곳의 관원들은 반드시 과거출신자 중에서도 학문에 뛰어난 자들을 선발, 임명하는 전통을 유지했다.

전랑자천제

이조와 병조의 낭관들은 비록 5~6품관이지만, 전랑권(銓郎權)이라 하여 당하관의 인사권을 장악하고 후임자를 천거하는 권한을 보유하여, 정치적으로 대단한 권한을 지니고 있었다. 특히 선조때에 '이조정랑' 자리를 둘러싸고 사림파가 김효원을 지지하는 파와 심의겸을 지지하는 파로 나뉜 뒤, 붕당을 형성하여 조선후기 당쟁시대를 열게 된다. 이때 김효원의 집이 광화문 동쪽의 건천동에 있어서 그 무리를 동인이라고 불렀고, 심의겸의 집이 서쪽인 정릉방에 있었기 때문에 그 무리를 서인이라고 불렀다. 역대로 이러한 벼슬에 취임하는 사람들은 정계의 엘리트로서, 조선시대의 중요 인물들은 대체로 이상의 관직들을 중심으로 활동했다.

홀대받는 무반직

무반직은 문반직에 비해 대우가 낮았다. 무반의 당상관 직은 그 모두가 정직이기는 하나, 직사가 없는 당상관이 대기하는 중추부의 관직이었고, 대부분의 관직은 당하관 직인데 그나마 대개가 체아직이었다.

상계, 하계 구분도 없는 최하위직 참하관

참하직은 관서의 순수 행정관리직과 의(醫), 역(譯), 율(律), 산(算) 등의 기술직, 하급사관급의 군인직들이 포진해 있었다. 이들 대부분은 체아직이었다. 이러한 관직에는 서얼(庶孼)들도 진출할 수 있게 했다. 조선에서는 이런 관직 중에서도 궁중의 사역인, 공장(工匠), 화원(畵員), 악공(樂工)들에게 지급해야 하는 관직은 별도로 잡직과 잡직계로 만들어, 이들을 문무관직과 원천적으로 구분했다.

토관도 향리와 같은 동급으로 대우하면서 토관계를 별도로 만들었다. 이들의 최고 품계는 정6품이지만 문무관계와 비견할 때는 1등급 낮추도록 했으므로, 실제로는 참하관에만 포진하는 셈이 되었다.

조선후기 신분제의 동요

17세기 이후 정부에서 재정책의 일환으로 각종 산관직을 판매하기 시작했다. 18세기 말에는 2품계의 값이 조(租) 13석 정도, 당상관계는 10석 정도까지 되었다. 이것은 양반 신분층을 급증시키고 양역 부담인구를 감소시켜 신분제의 동요와 함께 심각한 사회문제를 낳았다.

반면에 새로 양반신분을 획득한 계층 중에는 재력과 능력을 바탕으로 관계(官界)나 향권을 장악하고, 전통 양반가와 대립하는 경우도 발생했다. 이런 사정으로 전통 양반가에서는 가문 역대의 전력을 상고하여, 이들을 향반(鄕班), 신향(新鄕) 등으로 구분하고 일정한 차별을 가하기도 했다. 그러나 18, 19세기에는 양반의 신분을 가진 자가 전국민의 70% 이상으로 크게 증가함으로써, 벼슬이 가지는 사회적 의미가 크게 변질되었다. (출처: 위키백과)

궐내각사
[약방 일원]

대장금과
허준이
활동한 곳

대장금과 허균이 활동했던 약방(내의원)

　왕의 약을 조제하던 관청인 약방(藥房)은 내의원(內醫院)의 별칭이다. 내국(內局), 내약방(內藥房) 또는 약원(藥院) 등의 이름도 있었고, 양반을 치료하던 전의원(典醫院)과 평민을 치료하던 혜민서(惠民署)와 더불어 삼의원(三醫院)이라 불렸다.
　일반인들에게 내의원이라고 하면 TV사극을 통해 많이 알려진 '대장금과 허준'이 떠오를 것이다. 대장금은 중종실록에만 4차례 등장할 뿐, 다른 기록은 전혀 없다. 중종19년부터 중종39년까지 기록

약방

이 있으므로 최소한 20년이상 궁궐에서 의녀로 활동했음을 알 수 있다.

중종 19년(1524) 12월 15일
의술에 대한 권과, 의녀의 요식 등에 대해 전교하다
전교하였다.
"백공(百工)의 기예(技藝)는 다 부족하여서는 안되고 권과절목(勸課節目)이 상세하지 않은 것도 아닌데, 다만 각사(各司)의 관원이 힘을 다하여 권과[勸課. 포상(襃賞)을 통해 관원들의 사기 북돋움]하지 않으므로 마침내 성효(成效)가 없다. 그 가운데에서도 의술(醫術)은 더욱 큰일인데 각별히 권과하지 않으니, 지금 그 기술을 조금

아는 자는 다 성종조(成宗朝)에서 가르쳐 기른 자인데, 이제는 그 권과하는 일을 어떻게 할 것인지 의사(醫司)에 물어서 아뢰라. 또 의녀(醫女)의 요식(料食, 급료)에는 전체아(全遞兒, 상시 근무하고 급료의 전부를 받는 체아직)가 있고 반체아(半遞兒)가 있는데, 요즈음 전체아에 빈 자리가 있어도 그것을 받을 자를 아뢰지 않으니, 아래에서 아뢰기 어렵다고 생각하기 때문일 것이다. 다만 의녀 대장금(大長今)의 의술이 그 무리 중에서 조금 나으므로 바야흐로 대내(大內)에 출입하며 간병(看病)하니, 이 전체아를 대장금에게 주라."

위의 중종실록 기사를 보면 왕이 말하기를, 모든 분야 장인의 기술은 부족해서는 안되는 것이고 또한 제도도 잘 되어 있음에도 불구하고, 각 관청의 관원들이 스스로 사기진작을 하지 않아서 장인들의 기술발전에 효과가 없으며, 특히 의술분야에서는 더욱 심각하다고 지적하고 있다.

또한 의녀의 경우, 일의 중요도에 따라 전체아직(종일 근무직) 자리와 반체아직(파트타임 근무직)으로 나뉘는데, 전체아직 자리가 비었어도 그때까지는 그 일을 수행할 적당한 의녀가 없었지만, 마침 대장금이 그 중 제일 의술이 나으므로 대장금에게 전체아직을 주라는 어명이다. 따라서 대장금은 1524년 당시 의녀들 중에서는 최고 수준에 도달해 있었음을 알 수 있다.

•• 뱀의 발

조선판 파트타임, 체아직

    체아직은 교대로 근무하며 녹봉을 받거나 주기 위해 만든 관직으로, 정해진 녹봉이 없이 1년에 몇 차례 근무평정에 따라 교체되며, 복무기간 동안만 녹봉을 받는 관직이다. 체아직에는 동반체아, 서반체아, 잡직체아 등이 있는데, 대부분의 체아직은 서반체아, 즉 무신들이다.

    이는 사람은 점점 늘어나는데 관직이 모자라는 현실을 타개하기 위한, 조선판 '일자리 쪼개기'로 이해하면 쉽다. 그리고 유독 서반에 체아직이 많은 이유는 1년 내내 종일 근무하는 문신과는 달리, 무신들은 농사일을 하면서 1년에 일정 기간씩 번상(番上, 지방의 군사가 군역(軍役)을 치르기 위해 번(番)의 차례에 따라 서울로 올라오는 것)하는 관례도 많이 작용을 한 듯 하다.

중종 28년(1533) 2월 11일
약방 제조와 의원들을 상 주다
전교하였다.
"내가 여러달 병을 앓다가 이제야 거의 회복이 되었다. 약방 제조와 의원들에게 상을 주지 않을 수 없다. …(중략)… <u>의녀(醫女) 대장금(大長今)과 계금(戒今)에게는 쌀과 콩을 각각 15석씩</u>, 관목면(官木綿)과 정포(正布)를 각기 10필씩 내리고, 탕약 사령 등에게는 각기 차등 있게 상을 내리라."

중종 28년의 기사에서는 중종 자신이 병을 앓다가 회복되어 내의원 관원들에게 포상하는 내용이 나오는데, 여기에 대장금이 포함되어 있는 것으로 봐서는, 대장금이 드디어 중궁전이나 대비전뿐만 아니라 임금의 치료에도 관여하기 시작했음을 유추해 볼 수 있다. 또한 이로부터 11년이 지난 시점에도 중종의 감기치료에 대장금이 큰 역할을 하여 포상받은 내용이 나온다. 의녀신분으로 감히 옥체를 치료하는 수준에 이르렀음은 정말 대단한 일이 아닐 수 없다.

중종 39년(1544) 1월 29일
내의원 제조에게 감기약을 의논하라고
이르고 중화의 주물도 멈추라고 전교하다
정원(승정원)에 전교하였다.
"내가 접때 감기가 들어 해수증(咳嗽症)을 얻어서 오래 시사(視事)하지 못하였다. 조금 나아서 경연(經筵)을 열었더니, 그날 마침 추워서 전의 증세가 다시 일어났다. 의원(醫員) 박세거와 홍침 및 내의녀(內醫女) 대장금(大長今)과 은비(銀非) 등에게 약을 의논하라고 이미 하유(下諭)하였거니와, 이 뜻을 내의원 제조에게 이르라. 또 중화(中和)의 주물[晝物. 특별히 바치는 어선(御膳). 임금에게 올리는 음식]도 멈추라."

중종 39년(1544) 2월 9일
내의원 제조와 의원 의녀들에게 상을 내리다
전교하였다.
"내의원 제조 윤은보와 정순붕에게 각각 숙마(熟馬) 1필씩을 하사하고 도승지 이해, 의원 박세거, 홍침에게는 모두 가자(加資)하고, 유지번, 한순경에게는 아마(兒馬) 각 1필씩, 의녀 대장금(大長今)에게는 쌀과 콩을 도합 5석(石), 은비(銀非)에게는 쌀과 콩 3석을 하사하고 탕약 사령들에게는 관고(官庫)의 목면 2필씩을 지급하라."

허준과 동의보감

허준과 관련해서는 워낙 많이 알려진 인물이라, 실록 속에 기록된 기사만으로 허준의 흔적을 잠깐 들여다보자.

> 선조 8년(1575) 2월 15일
> 명의 안광익, 허준이 진맥하다
> 명의(名醫) 안광익(安光翼), 허준(許浚)이 들어가서 상(上)의 맥(脈)을 진찰하고는, 상(上)이 전에 비해 더 수척하고 비위의 맥이 매우 약하며, 또 번열(煩熱)이 많아 찬 음식 드시기를 좋아하고, 문을 열어 놓고 바람을 들어오게 한다고 하였다.

허준과 관련하여 실록에 기록된 최초의 기사는 이미 37세의 허준이 명의반열에 올라, 왕의 진맥에 참여했다는 것이다. 또한 허준은 임진왜란 때에도 선조의 곁을 떠나지 않고 의주까지 호종하여 호종공신(扈從功臣=호성공신扈聖功臣)이 되었다.

선조 37년(1604) 6월 25일
대대적으로 공신을 봉하니 명칭은 호성공신,
선무공신, 청난공신이다

그런데 1605년(선조 39) 9월부터 선조가 사망하는 시기인 3년간에 걸쳐, 허준에 대한 집중적인 탄핵상소가 올라온다. 이는 이유가 어찌되었든 임금의 투병기간이 길어지거나 사망하는 경우에는 무조건 어의가 책임을 지던 당시의 관행때문이었다.

선조 38년 9월 17일
사간원에서 박명현, 주서 조희일, 어의 허준 등을 탄핵하다

선조 39년 1월 3일
사헌부에서 양평군 허준을 탄핵하다

선조 39년 1월 4일
사간원에서 양평군 허준을 탄핵하다

선조 40년 11월 13일
사간 송석경이 어의 허준을 탄핵하다

광해 즉위년 3월 14일
사헌부가 허준의 귀양과 유영근의 삭탈 관작을 계청하다

이런 와중에 결국 선조가 사망한 것에 대한 책임을 지고 허준은 유배를 가게 되었지만, 그런 환경 속에서도 동양의학사상 최고의 걸작품으로 평가받는 동의보감을 완성해 냈다. 방대한 자료와 허준의 개인적 임상경험을 바탕으로 작성된 동의보감은, 편집력과 서술 능력의 우수성으로 인해 동양 의학의 보감으로서 출판된 뒤, 일본과 중국에까지 전해져서 오늘에 이르기까지 귀중한 한방 임상 의학서로 자리하고 있는데, 아마도 우리나라 사람의 저작으로 이 책처럼 중국인과 일본인들에게까지 널리 읽힌 책은 아마 없을 것이다.

특히 동의보감이 한·중·일 모든 사람들에게 널리 사랑받은 이유 중 하나는 복합처방뿐만 아니라 단방처방도 추가하여 치료법의 문턱을 크게 낮춘 점에 있다. 즉 여러 개의 약재를 섞는 복합처방보다는 약효가 떨어지지만, 단 하나의 약재만을 치료에 사용하게 함으로써 백성들이 쉽게 치료혜택을 받을 수 있게 만든 점이다.

광해 2년(1610) 8월 6일
허준이 "동의보감"을 완성함에 따라
말을 하사하고 속히 간행하라고 하다
전교하기를,
"양평군(陽平君) 허준(許浚)은 일찍이 선조(先朝)때 의방(醫方)을 찬집(撰集)하라는 명을 특별히 받들고 몇 년 동안 자료를 수집하였는데, 심지어는 유배되어 옮겨 다니고 유리(流離)하는 가운데서도 그 일을 쉬지 않고 하여, 이제 비로소 책으로 엮어 올렸다. 이어 생각건대, 선왕께서 찬집하라고 명하신 책이 과인이

창덕궁 실록으로 읽다
외조 일원

계승한 뒤에 완성을 보게 되었으니, 내가 비감한 마음을 금치 못하겠다. 허준에게 숙마(熟馬) 1 필을 직접 주어 그 공에 보답하고, 이 방서(方書)를 내의원으로 하여금 국(局)을 설치해 속히 인출(印出)케 한 다음, 중외에 널리 배포토록 하라." 하였다.

위의 기사를 보면 광해군이 자신을 과인이라고 표현한 부분이 있고, 사극을 봐도 임금이 스스로를 가리켜 '과인'이라고 부르던데, 임금이 스스로를 과인(寡人)이라 칭하는 이유는 무엇일까?

국어사전을 찾아보면 과인은 '임금이 자기를 낮추어 이르던 일인칭 대명사'라고 되어 있다. 한자로는 寡人이라고 쓰는데, 寡는 '과부'를 뜻하므로 '과부의 사람, 과부의 아들'이라는 뜻이라고 해석하는 사람도 있다. 정상적인 경우, 왕이 되려면 선왕이었던 자기 아버지가 돌아가신 후, 그 자리를 물려받아 새 왕으로 등극을 해야 하니, '과부의 아들'이라는 말은 일견 설득력이 있어 보인다. 하지만 과인은 과부의 아들이란 뜻이 아니라, '덕(德)이 적은 사람'이라는 뜻이다. 한자사전에서 과(寡)를 찾아봤더니 '적을 과'라고 부르고, 뜻과 용례는 다음과 같다.

1. 적다, 수량(數量)이 적다 2. 작다 3. 약하다(弱--)
4. 돌보다, 돌아보다 5. 홀어머니, 과부(寡婦) 6. 늙은 과부(寡婦)
寡占(과점): 경쟁관계에 있는 몇몇 소수의 사람들이 시장을 지배하여 거래량이나 값을 마음대로 결정하는 상태를 가리키는 말

寡頭政治(과두정치): 소수의 사람들이 한 국가의 주권을 장악하여 다스리는 정치

寡默(과묵): 입이 무거워 말 수가 적고 침착(沈着)함

조선의 임금은 덕(德)을 매우 중요시했고, 그런 이유로 조선 궁궐의 모든 정문은 임금의 덕으로써 어리석은 백성들을 교화시킴을 상징하고 있어서, 교화를 의미하는 화(化)자가 들어가 있다. 심지어 창덕궁은 궁궐의 이름마저도 임금의 덕이 창성하기를 바라고 있다.

경복궁 광화문光化門: 임금의 빛나는 덕으로 백성을 교화시킨다.
창덕궁 돈화문敦化門: 임금의 돈독한 덕으로 백성을 교화시킨다.
창경궁 홍화문弘化門: 임금의 넓은 덕으로 백성을 교화시킨다.
경희궁 흥화문興化門: 임금의 일어나는 덕으로 백성을 교화시킨다.

임금이 자신을 가리키는 말은 과인 이외에도 '짐, 고'등이 있다. 우선 짐(朕)은 황제가 스스로를 이르는 말이다. 원래 고대 중국에서는 일반 사람들도 '나'라는 뜻으로 사용하였던 말인데, 진시황제가 중국을 통일한 후부터 황제에 한해서만 쓰도록 정하였고, 그 이후로부터 제후왕(諸侯王)들은 자신을 '과인(寡人)'이라고 하게 되었다. 우리나라에서는 고려 태조때부터 임금이 스스로를 '짐'이라 하였으나, 중국 원(元)나라의 간섭을 받기 시작한 충렬왕때부터 '고(孤)'로 고쳐서 사용하였다.

조선시대의 역대 왕들은 주로 '과인'이라 하다가, 1897년(광무 1)

고종이 국호를 대한제국으로 고쳐 중국과 종속관계를 끊고 황제에 오르면서 '짐'이라는 칭호를 사용하였다. 그런데 임금, 황제, 왕에 대한 이 모든 칭호의 출처는 바로 노자의 도덕경 제42장 이다.

道生一(도생일) 一生二(일생이) 二生三(이생삼) 三生萬物(삼생만물):
도가 하나를 낳고, 하나가 둘을 낳고,
둘이 셋을 낳고, 셋이 만물을 낳는다

萬物負陰而抱陽(만물부음이포양):
만물은 '음'을 등에 업고 '양'을 가슴에 안았다

沖氣以爲和(충기이위화):
'기'가 서로 합하여 조화를 이룬다

人之所惡(인지소오) 唯 孤 寡 不穀(유 고 과 불곡)
사람들이 싫어하는 것은 고아 같은 사람,
덕이 적은 사람, 보잘것없는 사람이지만

而王公 以爲稱(이왕공 이위칭):
이것은 임금이나 공작이 자기를 가리키는 이름이다

궐내각사
[구선원전 일원]

종묘에
비견되는
건물

종묘와 함께 최고의 지위를 가진 건물, 선원전

보물 제817호인 선원전(璿源殿 / 璿: 구슬 선, 源: 근원 원, 殿: 전각 전)은 원래 태조 이하 역대 국왕의 어진을 봉안한 곳이었다. 조선왕조는 역대 임금을 추모하면서 제향(祭享)하는 건물로서, 궁궐 밖에는 종묘를 지었고, 궁궐 안에는 선원전을 지었다. 따라서 건물의 격으로 치면 종묘와 더불어 가장 높은 지위에 올라가는 건물이라고 할 수 있다. 1770년 1월 1일 설날, 영조실록 기사에는 영조가 방문한 네 곳이 나오는데, 영조에게 그 네 곳은 자신과 국가에 최고의 가치를 담고 있는 곳이었다.

영조 46년(1770) 1월 1일
태묘에 전알하고 선원전, 황단, 육상궁에 전배하다
임금이 태묘(太廟)에 전알(展謁)하고, 창덕궁(昌德宮)에 들러 선원전(璿源殿)과 황단(皇壇. 임진왜란 때에 구원병을 파병한 명나라 황제를 모신 제단)에 전배하였다. 회가(回駕)할 때에 육상궁(毓祥宮. 영조의 생모인 숙빈 최씨의 신위를 모신 사당)에 전배하였는데, 왕세손(王世孫)이 어가(御駕)를 따랐다.

태묘(太廟)와 대묘(大廟)는 종묘의 다른 표현이다. 종묘사직이라는 말이 있듯이 조선이라는 국가의 최고 상징은 단연코 종묘였다. 그리고 나서 선원전에 들렀다. 종묘에는 역대 왕과 왕후의 위패만 모셔져 있으나, 선원전에는 역대 왕의 실제 모습을 그린 어진이 모셔져 있었다. 따라서 선원전은 어진을 보관하는 단순한 전각이 아니라, 실제로 살아 있는 왕을 모시는 것과 같은 의례를 치를 정도로 중요한 곳이었다.

원래 선원전에서는 국왕이 매월 삭망(朔望) 때에 선원전에 나와서 친히 분향, 배례를 했으며, 역대 왕들의 탄신일에는 차례(茶禮)를 드렸다. 그 뒤로 숙종, 영조, 정조, 순조, 익종, 헌종의 어진(御眞)이 봉안되었다가 1921년에 창덕궁 후원 서북쪽에 선원전을 새로 지어 어진을 그곳으로 옮긴 뒤로는, 구선원전으로 불리게 되면서 신선원전과 구별지었다.

구선원전

영조가 사도세자를 처형하기 직전에 들린 곳도 선원전이었다

 선원전이 가지는 어마어마한 지위를 다시 한번 확인할 수 있는 실록기사 부분은 바로 아래와 같다.

> 영조 38년(1762) 윤5월 13일
> 세자를 폐하여 서인으로 삼고, 안에다 엄히 가두다
> 임금이 창덕궁에 나아가 세자(世子)를 폐하여 서인(庶人)을 삼고, 안에다 엄히 가두었다. …(중략)…
> 한번 나경언이 고변(告變)한 후부터 임금이 폐하기로 결심하였으나 차마 말을 꺼내지 못히었는데 갑자기 유언비어가 안에서부터 일어나서 임금의 마음이 놀랐다. 이에 <u>창덕궁에 나아가 선원전(璿源殿)에 전배하고</u>, 이어서 동궁의 대명(待命. 과실이 있을 때에. 상부에서 내리는 처분(處分) 또는 명령을 기다림)을 풀어주고, 동행하여 휘령전(徽寧殿)에 예를 행하도록 하였으나, 세자가 병을 일컬으면서 가지 않으니, 임금이 도승지 조영진을 특파(特罷)하고 다시 세자에게 행례(行禮)하기를 재촉하였다. …(후략)…

 이 부분은 영조가 사도세자를 뒤주 속에 가두는, 바로 그 비극적인 장면을 기록한 기사인데, 심지어 세자를 폐하고 죽이려는 엄청난 사건 직전에 선원전에 들러 이런 사실을 선조들에게 고했다는 것은 선원전의 지위를 새삼 깨닫게 해 준다.

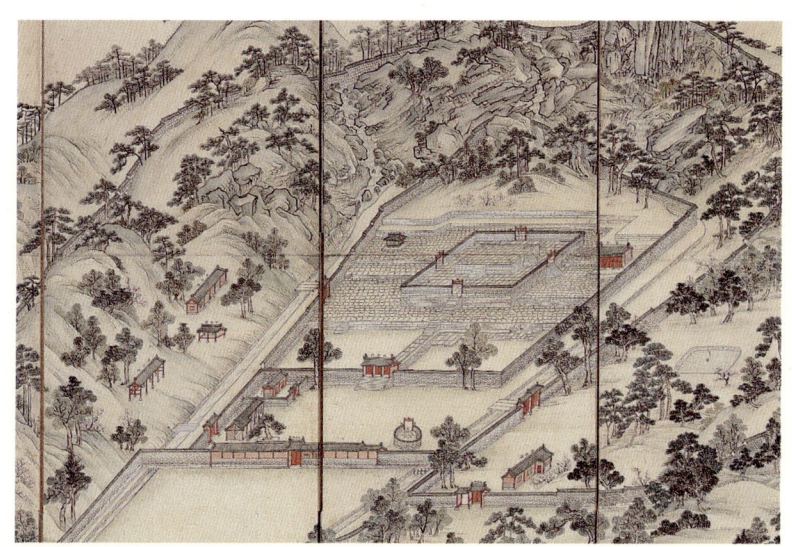

동궐도 황단 부분 [동아대학교박물관]

또 다른 조선의 자존심, 황단

한편 선원전 다음으로 들른 곳은 황단인데, 일명 대보단(大報壇)이라고도 한다. 원래는 임진왜란 때 구원병을 보내 준 명나라 신종(神宗)의 은혜를 기리기 위해서 1704년(숙종 30)에 세운 제단인데, 병자호란의 치욕을 씻기 위해서 절치부심하던 때에 청나라에 대한 불복의 뜻으로, 창덕궁의 후원 서쪽편 깊숙한 곳에 건물이 없는 제단 형태로 크게 만들었다. 그 뒤 영조 때에는 명나라의 태조(太祖)와 마지막 황제인 의종(毅宗)까지 함께 모셨다.

지금은 황단이 남아있지 않지만, 동궐도에서는 확인이 된다. 그 위치는 창덕궁의 가장 서쪽 뒷부분이다. 황단의 위치를 구중궁궐 중에서도 가장 깊숙한 그런 곳에 만든 이유는, 다름 아닌 청나라 때문이었다. 만약 조선이 명나라 황제의 제사를 계속해서 지낸다는 것을 청나라가 알게 되면, 매우 심각한 문제가 되기 때문이었다. 일부에서는 조선이 이미 망한 명나라에 대해 계속 제사를 지내는 것에 대해 사대주의의 폐해라고 주장하기도 한다. 그러나 그것은 잘못된 판단이다. 사대를 하려면 이미 중국대륙을 차지하고 있는 청나라에 해야한다. 그럼에도 불구하고 명나라의 황제에게 제사를 지내는 제단을 비밀리에 만들어 두었다는 것은, 청나라를 여전히 오랑캐로 여기는 조선의 자존심으로 해석할 수 있다.

연호의 사용에서도 마찬가지였다. 공식적인 연호는 청나라의 연호를 사용했지만, 비공식적인 연호는 명나라 마지막 황제의 연호인 숭정(崇禎)을 계속해서 사용했다. 명의 제16대 황제인 숭정제(崇禎帝) 의종(毅宗, 재위기간 1628~1644)은 1644년 이자성의 반란으로 북경이 함락되자 자살했기 때문에, 연호로서는 숭정17년(1644)이 마지막이다. 그렇지만, 조선후기 지식인들은 후금(청)이 명나라를 물리치고 중국대륙의 주인이 된 이후에도 오랑캐의 나라라며 청나라를 부정하면서, 청나라 황제들의 연호를 기록하는 대신에 숭정기원(崇禎紀元)을 사용했다.

따라서 숭정기원이라고 할 경우에는 원래 숭정 연간이 아닌, 그 후대를 가리킨다. 예를 들어, '숭정기원후 재신유(崇禎紀元後再辛酉)'라는 기록은 숭정 연호가 시작된 1628년부터 두 번째 신유년인 1741년(영조 17)을 의미하고, '숭정기원후 이백년(崇禎紀元後二百年)'이라는 기록은 1827년(헌종 15)를 가리킨다.

헌종실록 1권, 헌종 대왕 비문(碑文)

비문(碑文)에 이르기를,

"헌종 경문위무명인철효대왕(憲宗經文緯武明仁哲孝大王)은 숭정기원 후(崇禎紀元後) 2백년인 정해년(1827년) 7월 18일에 탄생하여, 경인년(1830년) 11월에 즉위하였으며, 기유년(1849) 6월 6일에 승하하시어 …(후략)… "

이런 방식으로 숭정 연호를 계속해서 사용한 것은 조선 지식인들의 의식세계 속에서는 명나라가 망하지 않고 지속되고 있다는 것을 의미했다. 물론 숭정기원은 청나라가 확인할 수 있는 국가의 공식기록물에서는 쓰이지 못하였고, 주로 사적인 비공식 문서에서 사용되었다.

아들은 왕이 되었지만 왕비가 되지 못했던 여인들

마지막으로 방문한 육상궁(毓祥宮 / 毓: 기를 육, 祥: 상서로울 상, 宮: 집 궁)은 숙종의 후궁이며, 영조의 생모였던 숙빈 최씨의 신위를 모신 사당이다. 원래는 숙빈묘(淑嬪廟)라고 불리던 것을 영조때 육상궁이라고 개칭했는데, 1908년 서울 곳곳에 흩어져 있던 왕의 사친(조선의 왕들을 낳은 친모이지만 왕비 자리에는 오르지 못한 후궁)들의 사당 6개를 육상궁에 추가로 합치면서, 현재는 칠궁(七宮)이라고 불린다.

칠궁은 비록 규모는 작지만, 종묘와 더불어 조선시대 사묘(祠廟)건축의 중요한 일면을 보여 주는 소중한 문화 유산인데, 그 위치가 현재 청와대 구역인 종로구 궁정동에 자리잡고 있어서 보안상 일반인들의 개별 출입은 불가능하며, 청와대 견학과 함께 단체 관람만 가

덕안궁 외경 [문화재청]

능한데, 칠궁의 구성을 살펴보면 아래와 같다.

- 저경궁(儲慶宮): 선조의 후궁이자 추존왕 원종의 생모인 인빈 김씨
- 대빈궁(大嬪宮): 숙종의 후궁이자 경종의 생모인 희빈 장씨
- 육상궁(毓祥宮): 숙종의 후궁이자 영조의 생모인 숙빈 최씨
- 연호궁(延祜宮): 영조의 후궁이자 추존왕 진종(효장세자)의 생모인 정빈 이씨
- 선희궁(宣禧宮): 영조의 후궁이자 추존왕 장조(사도세자)의 생모인 영빈 이씨
- 경우궁(景祐宮): 정조의 후궁이자 순조의 생모인 수빈 박씨
- 덕안궁(德安宮): 고종의 후궁이자 영친왕의 생모인 순헌황귀비

선희궁 외경 [문화재청]

육상궁 외경 [문화재청]

인정문
외행각

대비의
곡소리가
울려퍼지다

인정문 바깥 행각이 비뚤어진 사다리꼴 모양인 이유

　진선문의 안쪽으로 들어서면 진선문, 인정문, 숙장문과 함께 사방을 둘러싼 행각(행랑)이 네모꼴의 공간을 만들고 있다. 이 곳은 바깥조정이라고 하는데 조하와 같은 대규모의 행사가 있거나, 매월 4차례의 조례를 할 때는 인정전 앞의 안조정과 이어진다. 그런데 자세히 보면 반듯한 네모꼴이 아니라, 진선문 쪽 행각이 길고 반대편인 숙장문 쪽 행각이 짧은 비뚤어진 사다리꼴이다.

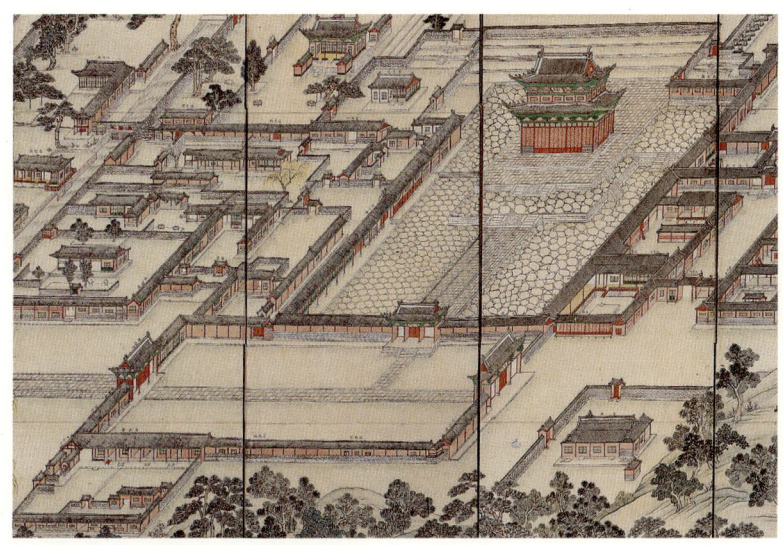
동궐도 인정문 바깥조정 부분 [동아대학교박물관]

　이런 특이한 건물배치를 한 사람은 조선초기 궁궐, 왕릉 등 대규모 국가시설물의 공사를 도맡아 하던 박자청이었다. 하지만 이런 식의 건물배치는 누가 봐도 이상한 것이어서, 태종은 사다리꼴이 아니라 반듯한 모양으로 다시 만들라고 명령을 내렸다. 그럼에도 불구하고 박자청은 자기방식을 고집했다. 이에 화가 난 태종은 심지어 상량까지 한 행랑을 헐어내기까지 했고, 박자청은 명령에 불복한 죄로 하옥된 뒤 귀양을 가야했다. 이때의 실록기사를 살펴보자.

세종 1년(1419) 3월 27일
인정전 문밖 행랑을 명령대로
짓지 않은 선공 제조 박자청을 면직하다

인정문 앞 비뚤어진 사다리꼴 모양의 바깥조정

상왕은 명령을 내려 선공제조(繕工提調) 박자청을 면직하게 하였다. 인정전(仁政殿) 문밖에 행랑을 지었는데, 명령과 같이 아니했기 때문이다.

세종 1년(1419) 4월 12일
인정문 밖 행랑을 잘 감독하지 못한 박자청과 신보안을 하옥하다
판우군 도총제부사(判右軍都摠制府事) 박자청, 판선공감사(判繕工監事) 신보안을 의금부에 하옥하였다. 처음 상왕이 인정문 밖에 행랑을 건립하라는 명령을 내리고 박자청으로 하여금 역사를 감독하게 함과 동시에, 아무쪼록 단정하게 하라고 했는데, 자청이 뜰의 넓고 좁은 것도 요량하지 않고 성 짓기를 시작하여 이미 기둥을 세우고 상량(上樑)까지 하였으니, 인정전에서 굽어보면 경사가 져서 바르지 못하므로, 상왕이 성내어 곧 헐어버리게 하고 박자청 등을 하옥시키게 한 것이었다.

하지만 박자청을 대신할 사람이 없어 한달도 안되어 사면조치가 취해졌고, 결국 최종적인 인정문 밖 행각의 모습은 지금처럼 박자청의 고집대로 비뚤어진 사다리꼴이 되었다. 곰곰이 생각해보면 박자청을 수원으로 귀양보낼 때부터 뭔가 이상하다는 생각이 들었다. 귀양을 겨우 수원으로 보냈다는 뜻은 곧 불러 올리겠다는 의미가 아닐까? 즉 세종의 입장에서는 박자청을 두둔하고 싶었겠지만, 아버지 태종이 불같이 화를 내니 어쩔 수 없이 박자청에게 벌을 주는 흉내만 낸 듯 하다.

세종 1년(1419) 4월 17일

강순, 신보안, 박자청 등을 처벌하다

의금부는 강순 등의 죄상을 갖추어 계(啓)하니, 선지하기를, "강순은 곤장 1백 대를 때려 먼 곳으로 귀양보내고, 신보안은 곤장 1백 대를, 정기는 곤장 80대를 때리고, 박자청은 수원으로 귀양보내고, 박신은 파직하라."고 하였다.

처음 박자청이 성조(成造)하는 일을 전부 관장하였는데, …(중략)… 박자청은 한미(寒微)한 집안인데, 태조 대왕을 잠저 때부터 섬긴 관계로 원종공신(元從功臣)이 되어 드디어 현관(顯官)에 승진하였었다. 상왕조(上王朝)에 미쳐 무릇 토목 공사가 있으면, 반드시 박자청을 시켜 감독하게 하니, …(후략)…

세종 1년(1419) 5월 14일

박자청을 사면하다

박자청(朴子靑)을 사(赦)하였다.

그럼 박자청이 태종의 명령을 무시하면서까지 인정전 밖의 행각을 사다리꼴로 만든 이유는 무엇일까? 아마도 그 이유를 세종은 알고 있었던 듯 하다. 오늘날 지도나 인공위성 사진을 놓고 보면 인정문의 앞쪽에서 종묘쪽으로 들어가는 얕은 구릉지대를 확인할 수 있다. 그 구릉지대를 계속 따라가다보면 종묘의 영녕전이 나온다. 결국 박자청은 인정문 앞 행각을 반듯한 모양으로 만들 경우, '종묘로 들어가는 풍수지맥선을 건드릴 수 밖에 없다'라는 사실을 알았기 때문에, 태종의 명령을 어겨가면서까지 자신의 고집대로 공사를 진행한 것이다.

따지고 보면 돈화문이 지금처럼 창덕궁의 서쪽 귀퉁이에 있는 이유도 마찬가지다. 경복궁이 근정전/근정문과 일직선상에 궁궐정문인 광화문을 놓은 것처럼, 창덕궁도 인정전/인정문과 일직선상에 궁궐정문인 돈화문을 배치했다면, 종묘로 들어가는 지맥선 훼손은 피할 수 없었을 것이다. 따라서 우리 조상들이 건축에 있어서 얼마나 풍수지리를 중요하게 생각했는지를 어느 정도 가늠해 볼 수 있는 증거라고 하겠다.

정청에 울려 퍼진 대비의 곡소리

인정문 바깥쪽 행각(行廊)은 지금은 휑하니 비어 있지만, 조선시대에는 당연히 수많은 관청들로 빼곡히 들어차 있었을 것이다. 그 중에서 지금까지 고증에 의해 확인된 세 곳의 관청은 편액을 달아 놓았는데, 진선문 쪽에 가까운 곳은 정청(政廳)이며, 맞은 편에는 국왕의 국새나 어보, 궁궐 출입증인 부신(符信) 등을 관장하였던 관서인 상서원(尙瑞院)과, 궁중을 호위하기 위해 설치된 군영인 호위청(扈衛廳)이 있다.

정청(政廳)은 원래 이조나 병조에서 문무관에 대해 관리의 임면(任免)이나 출척(黜陟) 등, 인사에 관한 일을 맡아보던 벼슬아치인 전관(銓官)이 궁중에서 정사를 보던 곳이다. 그런데 문무관에 대한 모든 인사처리가 되는 곳이라면 가장 핵심적인 관청이어서, 이 곳에서 일하는 사람들은 이조와 병조의 당상관들과, 이조와 병조를 담당하는 승지 그

정청

상서원과 호위청

리고 사관도 있었고, 심지어 사정기관인 사헌부의 대사헌까지도 있었는데, 관리들에 대한 감찰이나 탄핵 내용도 다루었다는 뜻이다.

1675년(숙종 1) 3월, 일명 '홍수의 변[紅袖之變]' 사건이 터졌는데, 왕족 복창군과 복평군이 궁녀들과 간통하였다고 고발된 일로, 남인과 서인의 당쟁을 격화시킨 사건이었다. 사건의 배경은 이랬다. 인조에게 세 아들이 있었으니 소현세자, 봉림대군 그리고 인평대군이었다. 그중에서 봉림대군이 왕위에 올라 효종이 되었고, 그 아들과 손자가 줄지어 왕위에 오르니 곧 현종과 숙종임금이다. 그런데 숙종은 불과 14세의 어린 나이에 왕위에 올랐다. 따라서 숙종의 생모인 김대비(명성왕후 김씨)는 왕위를 위협받을지 몰라 매우 불안해 했다.

당시 조정에는 인평대군의 아들인 복창군, 복선군, 복평군이 자주 들락거렸는데, 이들을 삼복이라고 불렀고, 그중에서도 복선군은 중국과의 외교문제도 잘 처리하는 등 평판이 좋았다. 그런데 복창군과 복평군은 평소 궐내 궁녀들을 희롱하는 것을 즐겼는데, 김대비는 그것을 빌미삼아 복창군과 복평군을 궁녀들과 간통했다는 죄목으로 복선군까지 한데 묶어서 제거하려는 계획을 꾸몄다. 원래 모든 궁녀는 왕의 여자인 관계로 궁녀와의 간통은 곧 사형을 의미했다. 이 사건을 홍수의 변이라고 부르는 이유는 홍수(紅袖, 붉은 소매)가 궁녀를 달리 부르는 이름이었기 때문이다.

이 모의에 참여한 사람은 다름아닌 김대비의 친정아버지 김우명이었다. 김우명은 차자[간략한 상소문]를 올려 삼복을 고발했다. 그러나 계속된 심문과 고문에도 아무도 죄를 인정하지 않았고, 물증도 전혀 없었다. 그저 김우명의 고발과 김대비의 증언만이 있을 뿐이었다.

또한 남인들은 적극적으로 삼복을 두둔했는데, 왜냐하면 삼복의 외할아버지가 남인이었기 때문이었다. 따라서 숙종은 아무런 증거가 없으니 어쩔 수 없이 무죄판결을 내려야만 했다.

자기가 판 함정에 빠진 김대비

문제는 그 다음이었다. 남인들은 김대비는 왕의 생모이기 때문에 어쩔 수 없더라도, 김우명 만큼은 반드시 무고죄로 처벌해야 한다며 상소를 올리기 시작했다. 남인들은 상소로 그친 것이 아니라 집단행동에 나섰다. 3월 13일 오전에 입궐한 남인의 영수 윤휴와 허목은 김우명을 처벌하라며 3월 14일 새벽까지 대궐 앞에서 시위하였고, 현종시대부터 왕의 장인으로 세도를 부려온 김우명의 행적에 대한 탄핵이 일어났다. 이때의 실록기사를 살펴보자.

> 숙종 1년(1675) 3월 14일
> 자전(慈殿)이 야대청에서 제신들을 인견하고
> 복평군 등의 일을 분부하다
> 김우명(金佑明)을 패초(牌招, 어명으로 부름) 하였으나, 오지 않았다. 임금이 명하여 대신(大臣)과 비국(備局)의 재신(宰臣)들을 인견(引見)하였는데, …(중략)…, 야대청(夜對廳, 밤에 정청에서 대면함)에 들어갔다. …(중략)…, 대신(大臣) 이하가 들어가 자리에 가서 부복(俯伏)하니, 문짝 안에서 부인(婦人)의 울음소리가 나므로 비로소 자전(慈殿, 왕의 어머니, 즉 대비)이 나와 있는 것을 알았다. …(후략)…

김대비 입장에서는 자기가 파 놓은 함정에 자기 친정 아버지가 빠진 꼴이었다. 그래서 대비의 체통도 집어던지고 김우명의 구명에 직접 나선 것이었다. 김대비는 무작정 우겼고 남인들로서는 매우 곤란해졌다. 현왕의 생모인 대비가 막무가내로 나오니 왕의 얼굴을 봐서라도 굴복할 수 밖에 없었다. 다만 삼복에 대한 처벌은 사형이 아닌 유배형으로 수위를 낮춰 결정이 되었을 뿐이다. 하지만 이 사건은 숙종에게도 큰 상처를 입혔다. 쉽게 말해 어머니 때문에 대신들 앞에서 망신을 당한 것이기 때문이었다.

이 사건을 마무리 지으면서 남인의 영수 윤휴는 직설적으로 숙종에게 "왕대비를 조관하라[임금이 잘 보살펴라]."는 간언을 올렸고, 허목은 내종의 부녀가 정치에 간섭함은 부당하다며 숙종에게 사사로운 정을 버릴 것을 주청했다. 부제학 홍우원, 이제학 등은 왕대비의 행위가 월권이라 지적했고, 승지 조사기는 "문정왕후를 다시 보는구나."라고 한탄했다.

그런데 김대비는 자신에게 쏟아진 비난을 남인의 탓으로 판단하고, 서인 송시열 일파와 손을 잡고 정략적으로 대응해서, 결국 '삼복의 옥'이라는 역모사건을 만들어낸 뒤, 남인정권을 밀어내고 서인정권을 세웠다. 그리고 윤휴에 대해서는 대비에 대한 불경죄와 여타 죄목[사문난적]을 묶어서 결국 사사시켰는데, 사약을 받자 윤휴는 "나라에서 유학자를 쓰기 싫으면 안쓰면 될 것이지 죽일 필요까지 있는가."라고 항변했다.

•• 뱀의 발

윤휴가 사사된 여타 죄목 중 사문난적:
죽음을 부른 띄어쓰기와 띄어읽기 사건

원래 한자는 원칙상 띄어쓰기가 없다. 그런데 한자는 띄어쓰기를 안하다보니 해석할 때 어디서 끊어 읽느냐에 따라서 글의 해석이 완전히 달라지는 경우가 많다. 심지어 띄어읽기를 잘못해서 죽임을 당한 경우까지 있는데, 당쟁이 심하던 조선 후기, 서인의 영수 송시열(宋時烈, 1607 ~ 1689)이 정적관계에 있었던 남인의 영수 윤휴(尹鑴, 1617 ~ 1680)를 사문난적(斯文亂賊, 주자적 유교에 대한 교리를 다르게 해석했던 선비를 비난하기 위해 사용한 말)으로 몰아서 처형시킨 것이 유명한 사례다. 그럼 윤휴가 사문난적으로 몰린 것은 어떤 이유였을까?

논어 향당(鄕黨)편 제12장에 이런 구절이 있다.

廏焚子退朝曰 (구분자퇴조왈)

마구간[廏]에 불이났다[焚].

공자[子]께서 조정[朝]에서 물러나시면서[退] 가라사대[曰],

傷人乎不問馬 (상인호불문마)

사람[人]이 부상[傷]을 입었느냐[乎]?

하시고 말[馬]에 대해서는 묻지[問] 않으셨다[不].

이 구절은 공자의 '인본주의' 사상을 드러내고 있다고 여겨지는 대표적인 구절 중의 하나다. 주자를 비롯해 대부분의 주석가들이 "마굿간에 불이 났음에도 말 보다는 사람을 더 귀히 여겼다."는 취지의 해석을 하기 때문이다. 원래 조선의 성리학[주자학]에서는 주자의 해석에 대해 다른 해석을 시도하는 것 자체가 금기시 되어 있었다.

그런데 윤휴는 이 구절에 대해 '傷人乎 不問馬'로 해석하지 않고 '傷人乎不 問馬'로 해석했다. 띄어읽기만 달리하면 해석이 어떻게 바뀔까? 윤휴의 해석은 상식에서 출발을 했다. 마굿간에서 불이 났으면 말에 대해 묻는 것이 상식이라는 것이다. 그래서 윤휴는 앞 부분을 "사람이 다쳤는가 혹은 다치지 않았는가[喪人乎不]?"라고 해석했고, 아울러 뒷부분은 "말에 대해서도 물으셨다[問馬]."라고 해석하였다.

심지어 그는 단순한 해석에 그치는 것이 아니라, "마굿간에 불이 났으면 말에 대해 묻는 것이 상식이다. 주자가 돌아오면 자신이 틀리다 할 것이요, 공자께서 돌아오시면 자신이 맞다 할 것이다."라고 까지 주장해서 논쟁을 불러일으켰으나, 이 말이 정작 자신을 죽음으로까지 몰고 갈 것이라고는 전혀 예상치 못했다. 그래서인지 윤휴는 사약을 받기 직전에 "나라에서 유학자가 싫으면 쓰지 않으면 그만이지 죽일 이유까지야 있느냐."라는 유명한 말도 남겼다.

빈청

조선
최고의
논쟁이
벌어진 곳

빈청과 어차고

　진선문의 맞은편 숙장문을 나가자마자 오른쪽에는, 현재 '동궐마루'라는 이름이 붙은 휴게실 용도의 건물이 있다. 그러나 기억을 2010년 이전으로 되돌리면 그 곳에는 순종황제와 황후가 탔다던 자동차가 전시되었던 것을 어렴풋이 떠올릴 수 있다. 지금은 국립고궁박물관에 전시되어 있다. 그 때의 명칭은 어차고(御車庫)였다. 그러나 동궐도에서 찾아보면 그 곳은 빈청(賓廳 / 賓: 손님 빈, 廳: 관청 청)이었다.
　빈청은 조선시대 각 궁궐 내에 설치한 고관들의 회의실이다. 때

동궐마루

문에 대부분 왕명을 출납하는 승정원에 가까운 곳에 위치한다. 창덕궁도 빈청에서 바라다 보이는 선정문 바로 앞이 승정원 자리였다. 빈청은 의정부의 3정승을 비롯한 육조의 판서, 지변사 재상, 5군영의 대장 등 종2품 이상의 비변사 당상관들이 정기적으로 회의를 하거나, 변란, 국상(國喪), 기타 국가적으로 긴급한 일이 있을 때, 관계자들이 모여 대책을 의논하던 회의실로 사용되었다. 따라서 빈청은 실질적으로 의정부와 육조의 권한을 넘어서는 조선후기 최고의 의사결정 기구의 장이었다.

　따라서 이곳에서 논의되는 내용에는 국가로서는 최고 수준의 정책이나 논쟁이 포함되어 있을 수 밖에 없었다. 현종실록에 등장하는 빈청 관련 기사 하나를 한번 자세히 들여다보자.

창덕궁 실록으로 읽다
외조 일원

순종어차 [국립고궁박물관]

순정황후어차 [국립고궁박물관]

현종 15년(1674) 7월 13일

복식을 의논하다

<u>빈청이 재차 아뢰기를,</u>

"신 김수홍, 신 민유중, 신 홍처량이 탑전(용상)에 입시하였을 적에 <u>상복 제도의 일</u>로 하문하셨습니다만, 기해년 초상에 상복 제도를 의논하여 정할 때 옛날의 예를 사용하였는지 시왕의 제도를 사용하였는지에 대해 확실히 기억할 수 없었기 때문에 …(후략)… "

위의 이야기는 그 유명한 예송논쟁에 관한 내용을 언급하고 있다. 일반인들에게 조선시대 당파싸움으로 인한 폐해의 대표적인 사례를 꼽으라면, 아마도 대부분이 이 예송논쟁(禮訟論爭, 복상논쟁)을 우선으로 꼽을 것이다. 예송논쟁이라는 용어 자체를 모르는 사람이라도, 최소한 그 내용이 무엇인지는 대부분 귀동냥으로 어렴풋이나마 들어서 알고 있을 것이다.

예송논쟁은 과연 소모적 정쟁인가?

"아, 예송논쟁이요? 대비가 상복입는 기간을 1년으로 할지, 3년으로 할지를 두고 쓸데없이 두 당파가 싸운 소모적 정쟁 말씀이죠?" 최소한 예송논쟁이라는 것이 무엇인지 아는 사람에게 예송논쟁에 대한 견해를 물어보면, 돌아오는 답이 대부분 이와 비슷하다. 이 대답의 골자는 '소모적 정쟁'에 있다.

그러나 과연 그럴까? 결론부터 말하면 예송논쟁은 쓸데없는 소모적 정쟁이 결코 아니었다. 오히려 조선이라는 나라의 정통성을 확보하기 위한 거대담론이었다. 예송논쟁에 대해 쓸 데 없는 소모적 정쟁이라고 대답하는 것은 두 가지 측면에서 큰 오류를 범하는 것이다. 그 이유는, 첫째, 우리가 현재의 잣대로 조선시대를 판단하려 하고 있으며, 둘째, 예송논쟁의 본질을 제대로 모르는 상태에서 답을 했기 때문이다.

예송논쟁의 숨은 본질은 왕위계승의 정통성

예송논쟁은 표면적으로는 조대비가 상복입는 기간을 가지고 서인과 남인이 서로 다툰 것이지만, 그 속에는 엄청난 내용이 들어있다. 바로 효종임금의 정통성을 문제삼는 것이기 때문이다. 조선과 같은 전제 왕조국가에서 왕의 정통성을 문제삼았다고 한다면, 그것은 자칫 잘못 하면 역모로 몰려 피바람을 불러오게 할 가능성이 있다. 그럼 대비의 상복입는 기간과 국왕의 정통성 과는 도대체 어떤 상관관계가 있는 것일까?

이 이야기는 인조와 소현세자 이야기에서 먼저 시작해야 한다. 인조는 병자호란에 대한 피해망상 때문에 장남인 소현세자를 독살시키고[거의 확실시 된다], 차남인 봉림대군에게 왕위를 넘겼다. 여기서 우리가 주목해야 하는 것은 인조와 관련된 '왕위계승' 문제다. 성리학을 기본으로 하는 조선에서는 한 가문이 되었든, 아니면 왕실이 되었든, 대를 잇는 문제에 관해서는 '적장자계승'이라는 큰 원칙이 있었다. 첩에게서 난 서자가 아닌, 본부인에게서 난 적자가 대를 이어야 하며, 적자가 여럿일 경우에는, 장자(장남)가 가통을 이어야 한다는 것이다.

　이런 적장자 계승 원칙을 둘러싸고 왕실에 피바람이 일어난 것이 인조임금 바로 직전의 광해군때 상황이었다. 즉, 현실적으로는 20대의 능력있는 광해군이라는 서자가 왕세자로 있었지만, 선조가 뒤늦게 얻은 적자 영창대군이 겨우 두살바기 아기였을 때 선조가 사망했다. 신하들은 광해군 지지파와 영창대군 지지파로 나뉘었는데 정권은 광해군 지지파의 손에 넘어갔다.

　따라서 광해군을 지지했던 북인세력은 정권의 안정을 위해 영창대군과 관련된 세력을 제거하려 하였고, 결국은 영창대군을 죽이고 영창대군을 낳은 인목대비까지 서궁에 유폐시켰는데, 이는 인조에게 반정의 빌미를 제공하게 되었던 것이다. 그만큼 왕실의 대를 잇는 것은 전제군주가 있는 왕조국가에서는 중요한 사안이었다. 오죽하면 왕세자를 국가의 근본이라고 하여, 국본이라는 말을 쓰겠는가?

　아무튼 소현세자가 의문의 죽임을 당했을 때 그의 살아있는 아들이 셋이나 있었다. 따라서 이론상으로는 소현세자가 죽었다 하더라도, 왕통은 엄연히 소현세자의 아들 중 장남에게로 넘어가야 했다. 비슷한 예로 영조때는 사도세자가 죽었어도, 세손인 정조에게 왕통이 넘어갔다. 그러나 인조는 소현세자의 아들들도 귀양을 보내거나 해서 결국은 모두 죽게 만들었다. 바로 이 시대적 배경으로 만든 TV 사극이 '추노'였다.

　인조의 억지로 인해 왕통은 소현세자의 아들 중의 하나가 아닌, 소현세자의 친동생 즉 봉림대군에게 넘어갔고, 봉림대군은 조선 제17대 효종임금에 즉위한다. 그리고 봉림대군이 효종으로 즉위할 당시에도 아직 소현세자의 아들들이 모두 죽은 것은 아니었다. 여기에서 성리학적 명분논리상 왕통계승에 따른 논란이 발생한 것이다.

아들보다 나이 어린 '계비(계모)'

아무튼, 인조는 나이 44세에 15세의 장렬왕후 조씨를 두번째 왕비(계비)로 맞는다. 그리고 장렬왕후 조씨는 족보상 아들인 효종보다도 5살 아래였다. 조선 왕실에서 왕이 계비를 맞을 경우에는 이런 경우는 많았다. 19세에 51세 선조의 계비가 된 인목왕후(인목대비)는 족보상 아들인 광해군보다 9살 아래였고, 15세에 51세 영조의 계비가 된 정순왕후도 족보상 아들인 사도세자보다 10살 아래였고, 손자인 정조보다는 겨우 7살 위였다.

그러다보니 족보상 어머니인 장렬왕후 조씨(조대비)가 족보상 아들/며느리인 효종/효종비(인선왕후 장씨)보다도 더 오래 살았다. 비극은 여기에서 비롯되었다. 효종임금이 재위 10년만에 돌아가시자, 족보상 아들인 효종보다도 5살이나 어린 조대비(자의대비)는 예법에 의해, 부모로서 적절한 상복을 입어야 했다.

그런데 조선시대는 놀랍게도 예법에 의한 통치가, 법에 의한 법치보다도 우선했다. 따라서 조선이라는 나라는 법치국가라기 보다는 예치국가로 봐야 한다. 육조(이조, 호조, 예조, 병조, 형조, 공조)의 순서에서도 법을 집행하는 형조보다 예조가 앞선다. 아무튼 이런 예법은 조선 전기보다는 조선 후기에 더욱 영향력이 강해지는데, 송시열의 시대가 되면 심지어 현대국가의 헌법과도 같다고 볼 수 있을 정도였다.

원래 학문적으로 예법을 중요시 하는 예학은 성리학의 한 줄기였으나, 율곡의 학통을 이어 받은 김장생, 그의 아들 김집 그리고 그의 제자 송시열에 이르러서는 한국 성리학의 주류자리를 예학이 차지했다. 그리고 당시 성리학자들이 생각하던 예학의 근거로는 항상 고대 중국의 예법인 고례(古禮)를 기준으로 했는데, 대표적인 것이 주나라의 예, 즉 주례였다. 여기에 덧붙여 주자의 주자가례도 있었다. 그 외에도 많은 예법들이 있었고, 국조오례의로 대표되는 조선의 예법들도 있었으나 사대주의가 팽배하면서 중국 예법을 우리 것에 우선시 하는 풍조가 만연했었다.

아무튼 조대비에게 적용할 중국식 예법의 상세규정을 살펴보면, 우리가 상식적으로 잘 알고 있는 것처럼 부모상에는 자녀가 3년복을 입어야 했다. 그런데 반대로 자식이 부모보다 먼저 죽었을 경우, 큰 아들인 장자상에는 3년복, 둘째 아들 이하인 경우에는 1년복을 입어야 했다. 가부장적인 문화가 심화된 조선후기 사회에서는 후사를 잇는 장남에 대해 특별우대를 하던 이 규정을 적극 수용했기 때문이었다.

효종이 죽었을 때, 문제가 된 것은, 그가 왕통으로 보면 왕위를 계승한 적자이지만, 가통으로 보면 소현세자 다음의 둘째아들이라는 것이었다. 즉, 효종을 장자로 보면 조대비가 3년복을 입어야 하지만, 차자[둘째아들]로 보면 조대비가 1년복을 입어야만 했다.

•• 뱀의 발

여자의 결혼적령기는 '오이를 쪼개는 나이'

얼마전 까지만 해도 여자가 30살이 되기 전에 시집을 못가면 노처녀 소리를 듣곤 했는데, 요즘은 여성의 초혼연령이 점점 늦어져서 30을 넘기는 경우도 다반사가 되었다. 그렇다면 옛날 우리 조상들은 여자의 결혼적령기를 몇 살로 생각하고 있었을까?

우리말 표현 중에 "과년한 딸이 있다."라는 말을 들어본 적이 있을 것이다. 그 말은 "결혼적령기에 있는 딸이 있다."라는 뜻이다. 여기서 과년은 한자로 '瓜年'이라 쓰는데, 원래 파과지년(破瓜之年)의 줄임말이다. 파(破)는 깨뜨리거나 쪼갠다는 뜻이고, 과(瓜)는 오이를 가리키기 때문에 직역하면 오이를 쪼개는 나이[年]라는 뜻이다.

그런데 실제 오이를 쪼개는 나이가 따로 있는 것은 아니다. 오이 과(瓜)자를 비스듬히 둘로 쪼개면 여덟 팔(八)자 두 개가 만들어진다. 따라서 8+8=16, 즉 16살을 가리키는 것이다. 비슷한 말로 이팔청춘(二八靑春)이라는 표현도 있는데, 이 역시 2X8=16, 즉 16살을 가리킨다. 결론적으로 옛날 우리 조상들이 생각한 여자의 결혼적령기는 16살이라고 봐야 한다.

그래서인지 왕이 새로 왕비를 맞아들일 때는, 왕의 나이가 아무리 많더라도 대체로 16세 전후의 규수를 대상으로 간택을 했다.

서인은 국왕을 사대부의 제1인자로 보았다

이때 서인에서는 1년복을 주장했고, 남인에서는 3년복을 주장했다. 쉽게 말해 서인은 효종은 차자로 인정했고, 남인은 장자로 인정했다는 뜻이다. 여기에서 우리는 서인과 남인이라는 붕당의 당론을 읽어 낼 수 있다. 서인의 당론에서는 비록 왕이라 하더라도 자기네들과 같은 사대부 신분의 우두머리일 뿐이라는 것이었다. 쉽게 말해 왕도 특별한 존재가 아니라는 것이다. 그래서 서인은 왕통과 가통을 따로 따로 보았다. 즉, 왕으로서의 효종의 정통성은 인정하되, 가통은 소현세자로 돌린다는 것이다.

이런 서인의 당론이 만들어 진 배경에는 서인의 정신적 지주가 우암 송시열이기 때문이었다. 송시열은 효종, 현종, 숙종 3대에 걸쳐 왕의 스승이기도 했거니와, 학문적으로는 상대당(남인)에서조차 대유학자라는 뜻의 대유(大儒)라고 부를 정도로 존경받는 인물이었다. 그런 송시열의 눈에는 웬만한 임금이면 눈에 차지도 않았을 것이다.

하지만 남인의 당론에서는 국왕은 일반 사대부와는 완전히 다른, 최고 지존의 존재라고 보았다. 그래서 모든 것을 왕에게 집중시켰다. 당시 남인의 영수였던 윤휴는 3년상을 주장하면서 그 근거로 후한(後漢) 정현(鄭玄)이 지은 의례주소(儀禮注疏)의 상복참최장(喪服斬衰章)을 들었는데, 거기에는 "제1장자가 죽으면, 본부인 소생의 제2장자를 세워 또한 장자라 한다."라는 주석이 달려 있었다. 그래서 효종은 장자라고 주장했다.

이에 반하여 송시열은 같은 참최장에 있는 다른 구절의 주석에서 "서자는 장자가 될 수 없다. …(중략)… 본부인 소생의 둘째아들 이하는 모두 서자라 일컫는다."라는 구절을 인용하면서, 1년설이 맞다고 주장하였다.

그러나 송시열의 옆에 있던 영의정 정태화는 송시열의 1년설 주장이 자칫 효종을 서자로 몰아, 효종의 정통성을 부인하는 식으로 잘못 해석될 소지가 있음을 깨닫고 깜짝 놀라 즉시 송시열을 저지했는데, 자칫 잘못하면 역모로 몰릴 수가 있었기 때문이다. 그리고 실제로 남인 윤선도는 송시열을 역적으로도 해석할 수 있는 내용의 상소를 올렸다. 송시열 역시 사태의 심각성을 깨닫고는 정태화와 함께 곧바로 "국제(國制)와 대명률(大明律)에 의해 장자와 차자를 막론하고 모두 1년복을 입는다."는 주장을 펴는 편법을 썼다.

현종 2년(1661) 5월 26일
윤선도, 조경의 상소내용과 상례에 대해 판부사 송시열과 논의하다
송시열이 아뢰기를,
"신이 애초로 소급해 올라가서 말씀드리겠습니다. 그때 영상 정태화가 신을 부르더니 좌우를 모두 물리치고 …(중략)… 영상이 말하기를 '소위 4종의 설[사종지설]이란 무엇을 말하는 것인가.' 하기에, 신이 차례차례 해석하며 내려가다가 '바르기는 하지만 체가 아닌 경우[正而不體]'와 '체이기는 하지만 바르지 못한 경우[體而不正]'를 말하는 대목에 이르러 말하기를
"인조(仁祖)로 말하면 소현(昭顯)의 아들은 정이불체(正而不體)의 경우이고 대행 대왕은 체이부정(體而不正)의 경우에 해당된다." 하였습니다. 이에 영상이 크게 놀라면서 손을 내저으며 저지하고 말하기를
"고례(古禮)가 비록 이와 같다고 하더라도, 만약 소현의 아들이 없다면 그래도 이런 주장을 할 수 있겠지만, 지금은 이미 그런 상황이 아닌데 어떻게 감히 이 설을 가지고 오늘날 예를 의논하는 증거로 삼을 수 있겠는가." 하기에, 신이
"그것은 그렇다." 하였습니다. 그리고 영상이 말하기를

"국제(國制, =국상(國喪) 때의 복제(服制))를 보면 장자나 차자를 막론하고 모두 기년복(朞年服)을 입어주게 되어 있고, 대명률(大明律)에도 그렇게 되어 있다. 따라서 고례대로 행하지 못할 바에야 차라리 이를 근거해서 정하는 것이 낫지 않겠는가." 하기에, 신도 잘 알았다고 하였습니다. …(후략)…

이 때는 소현세자의 셋째아들(경안군 석견)이 여전히 제주도에 유배 중이었는데, 그 사실만으로도 왕의 정통성 시비라는 화약고가 될 소지가 있었기 때문이었다. 하지만 이 논쟁에서는 송시열의 서인이 승리하였다. 이를 제1차 예송논쟁[기해예송(己亥禮訟)]이라고 한다.

제2차 예송논쟁의 전개

그런데 현종 15년에 이번에는 효종의 왕비이자, 현종의 어머니인 인선왕후가 세상을 떠났다. 1차 예송논쟁의 당사자였던 조대비(자의대비)가 그때까지 살아 있었으므로, 또다시 그녀의 복제문제가 대두되었다. 즉, 제1차 예송논쟁이 조대비 입장에서 아들 사망 때의 복제논쟁이라면, 제2차 예송논쟁[갑인예송(甲寅禮訟)]은 며느리 사망 때의 복제논쟁이었다.

제1차 예송논쟁 때의 예법을 원칙 그대로 적용하면, 맏며느리가 죽으면 시어머니는 1년복을 입게 되어 있었고, 둘째 며느리가 죽으면 대공복(9개월복)을 입게 되어 있었다. 이 때에도 조정의 실권을 쥐고 있던 서인 세력들은 당론에 따라 9개월복을 주장했다.

그런데 이 때에는 제1차 예송논쟁 때 송시열이 편법을 쓴 것이 화를 불렀다. 제1차 예송논쟁 때 송시열이 최종적으로 주장했던 내용은, 효종의 서자취급 논란을 피하기 위해 국제(國制)를 근거로 효종을 장남처럼 포장했었으나 정작 효종비는 둘째며느리로 취급해 차별한 것이다. 따라서 서인들은 논리적인 모순에 빠진 것이다. 결국 현종은 예법을 잘못 쓴 책임을 물어 서인세력을 대거 귀양보냈고, 남인세력을 중용했다. 이것이 제2차 예송논쟁이다.

이상에서 알아 보았듯이 예송논쟁(복상논쟁)은 단순히 상복입는 기간을 두고 싸운 것이 아니라, 왕의 정통성을 어떻게 인정하느냐는 거대담론을 깔고 학술적인 논쟁을 펼쳤던 것이다. 물론 학술적인 논쟁의 결과는 정권을 잡는 것으로 연결은 되었다. 오늘날의 우리로서는 쉽게 수긍하기가 어렵겠지만, 당시의 사대부들에게는 그런 논쟁에 목숨을 걸 만한 가치가 있던 것이 바로 조선 사회였다. 항상 언급되는 것이지만, 문화재나 역사를 판단할 때는 결코 지금의 잣대로 우리의 조상들을 판단해서는 안된다.

예송논쟁의 핵심에 대해 다시 한번 복습을 하자면, 서인은 효종이 적장자가 아님을 들어 왕과 사대부에게 동일한 예가 적용되어야 한다는 입장에서 1년설과 9개월설을 주장하였고, 반면 남인은 효종이 적장자라고 간주하고 왕에게는 일반 사대부와 다른 예가 적용되어야 한다는 입장에서 3년설과 1년설을 각각 주장하였던 것이다.

•• 뱀의 발

조선은 과연 '당쟁' 때문에 나라가 망했나?

이 질문을 던지면 '당연히 그렇다'고 대답하는 사람들이 의외로 많다. 상식적으로 그럴 듯 하게 들리기 때문이다. 그리고 일제강점기에는 이 점을 최대한 부각시켜 학교에서 교육을 시켰다. 식민사관의 대표적 사례이기도 하다. 그러나 조금만 생각해 보면, 그것은 결코 사실이 아니다.

당쟁 때문에 나라가 망했다는 것이 사실이 아님을 증명하는 것은 너무나도 쉽다. 조선에서 가장 당쟁이 심했던 때는 숙종, 경종, 영조, 정조 시기다. 그런데 역사책을 찾아보면 그 시대가 조선후기에서 가장 상업이 발달하고, 특히 영정조 때는 '조선의 르네상스'라고까지 불리기도 한다. 이상하지 않은가? 당쟁이 가장 심했던 때가 르네상스라니?

그럼 조선에서 당쟁이 갑자기 언제 없어졌을까? 그것은 정조의 아들인 순조가 등극하고 나서다. 그렇다면 순조가 등극하고 나서, 조선의 조정에서는 도대체 어떤 일이 벌어졌기 때문에 당쟁이 갑자기 없어졌단 말인가? 그것은 바로 안동 김씨 일족에 의한 '세도정치'가 시작된 것이다. 견제가 치열한 '당쟁'을 통해 나라를 다스린 것이 아니라, 견제가 전혀 없는 일당독재를 통해 나라를 다스렸기 때문에 조선이라는 나라가 망해가기 시작한 것이다.

그렇다면 조선의 당쟁은 어떻게 전개되었을까? 조선의 당쟁을 복잡하다고만 알고 있는 사람들이 많은데, 내용을 간추려보면 의외로 간단하다. 한 단어로 조선의 당쟁을 요약하면 '사색당파'다. 큰 범주로 보면 당파는 네 개로 요약된다는 말이다.

옛날로 한번 돌아가보자. 조선전기가 거의 끝나갈 때의 상황이다. 훈구파와의 오랜 싸움을 통해 최종적으로 정권을 잡은 사림파는 선조때 최초로 동인과 서인으로 분리됐다. 그런 다음 시간이 흐르면서 동인은 남인과 북인으로, 서인은 노론과 소론으로 다시 나누어 졌다.

'남인', '북인', '노론', '소론' 이것이 조선의 사색당파다. 어떤가? 아주 쉽지 않은가? 그래도 어려운가? 다시 한번 복습해 보자. 현재의 정당과 거의 같은 기능을 하는 조선시대의 정치집단을 흔히 붕당이라고 부른다. 조선의 최종적인 붕당의 모습을 간단히 정리하면 이렇게 된다.

사림파	동인	남인
		북인
	서인	노론
		소론

그런데도 왜 사람들은 조선의 당쟁이 복잡하다고만 알고 있을까? 그것은 시차 때문이다. 쉽게 말해서, 같은 시기에 한꺼번에 붕당들이 분리된 것이 아니기 때문이다. 선조때 사림파가 동인과 서인으로 처음 나눠진 이후, 서로 정권을 한번씩 주고 받다가 동인이 정권을 차지하지만, 동인은 곧 남인과 북인으로 다시 분리된다. 그 다음 임금인 광해군때에는 북인이 정권을 독차지 하지만, 곧 이은 인조반정으로 북인은 완전히 몰락하여 역사에서 거의 자취를 감춘다.

인조반정은 집권파인 북인에 대한 '서인과 남인'의 연합작품이었다. 그러나 주도권은 서인이 잡고 있었다. 따라서 북인이 도퇴된 이후, 숙종때까지의 당쟁은 주류인 서인과 비주류인 남인과의 다툼이었다. TV사극을 통해 우리가 자주 보게 되는 장희빈을 둘러싼 숙종때의 당쟁에는 서인과 남인이 다투는 양상으로 진행이 된다. 쉽게 말해 양당구조인 셈이다.

그런데 숙종 말년에 오랜 기간동안 하나로 뭉쳐 있던 서인이 드디어 노론과 소론으로 분리된다. 숙종때까지는 '서인'과 '남인'간의 양당구도가, 경종때부터는 '노론', '소론', '남인'의 3당구도로 바뀐 것이다. 그러나 노론이 다수당이고, 소론과 남인은 소수당이었는데, 소론과 남인을 합친 것보다도 노론의 세력이 더 컸다. 그나마 소론이 남인보다는 당세가 컸다.

숙종 이후로 벌어진 당쟁에서도 주류는 노론이 되고, 비주류는 소론과 남인이 된다. TV사극을 통해 영정조 시대를 보면, 이때의 당쟁은 주로 노론과 소론의 대결양상이 두드러진다. 위에서도 간단히 언급했지만 이토록 치열하게 정권을 놓고 견제하고 경쟁했던 조선의 붕당정치가, 순조때의 안동 김씨 일가에 의한 세도정치가 시작된 이후 갑자기 사라진다.

아무리 막나가는 정권이라도 미약하나마 견제할 세력이 존재하면 절대부패로 가지는 않는다. 그러나 세도정치는 견제세력이 전무한 형태로 진행되었고, 이후 조선은 도저히 회생불가능한 상태까지 이르게 된다. 결론적으로 조선이 당파싸움 때문에 망했다고 하는 발언은 전형적인 식민사관에 근거한 말이며, 정치적으로 의도된 발언이다. 당쟁의 구도하에서는 어떤 집권당이라도 상대당에게 조금이라도 약점을 잡히지 않기 위해서 최선을 다하기 때문이다.

그럼에도 불구하고 왜 당쟁때문에 조선이 망했다는 이야기가 설득력이 있는 것처럼 들리는가? 그것은 일제강점기 때의 조선총독부를 포함하여 역대 독재정권들이 자신의 독재를 합리화시키는 도구로 오랫동안 사용했고, 국민들에게 그런 논리를 계속해서 주입시켰기 때문이다. 그래서 정치적인 견제세력의 존재를 싫어하는 무리들은 항상 주장한다. 조선은 당쟁때문에 망했다고…

조원
치일

인정문

이인좌를
치죄하다

궁궐 바닥의 세갈래 돌길은 삼도(三道)가 아니라 정로(正路)다

　보물 제813호인 인정문(仁政門 / 仁: 어질 인, 政: 정사 정, 門: 문 문)은 창덕궁의 법전(法殿, =正殿)인 인정전의 정문이다. '국조오례의' 흉례 편에 의해 왕위를 이어받는 사위(嗣位)의식을 거행하는 곳으로 지정되어 있는데, 연산군, 효종, 현종, 숙종, 영조, 순조, 철종, 고종 등이 이 문에서 즉위하였다.

창덕궁 실록으로 읽다
치조 일원

인정문

영조 즉위년(1724) 8월 30일
대왕이 창덕궁 인정문에서 즉위하다

경종대왕 4년 8월 을미(乙未)에 경종 대왕이 창경궁 환취정에서 승하하였다. 그 후 6일째 되는 날인 경자 오시(午時)에 왕세제가 창덕궁 인정문(仁政門)에서 즉위하였다. …(중략)… 찬의(贊儀)가 큰 소리로, "배(拜), 궤(跪)" 하고 선창(先唱)하니, 좌통례(左通禮)가 낮은 소리로 "궤(跪)하소서." 하고, 고하기를, "사왕(嗣王)은 보위(寶位)를 받으소서." 하였다. …(중략)… 인정문의 동쪽 협문 밖에 이르러 멈추어 섰다. 그곳 한복판에 어좌(御座)를 설치하였는데, 왕세제가 어좌에 올라가니 백관이 네 번 절하고 "천세(千歲)!" 하고 호창(呼唱)하였다. 임금이 어좌에

인정전 정로

서 내려와 인정문의 동쪽 협문으로 들어가 인정전 정로(正路)를
거쳐 인정전에 올라갔다.

   여기서 우리가 눈여겨 볼 단어는 바로 정로(正路)다. 모든 궁궐에는
궁궐의 법전까지 이어지는 세갈래의 돌길이 깔려 있다. 흔히들 이
길을 삼도(三道)라고 부르고, 특히 가운데 길을 임금의 전용길이라는
뜻에서 어도(御道)라고 부른다. 하지만 이는 잘못된 일본식 표현이며,
삼도가 아닌 정로(正路), 어도가 아닌 어로(御路)가 옳은 말이다. 궁궐
뿐만 아니라 사직단과 조선왕릉에도 돌길이 깔려 있는데, 참배하러
가는 길이라는 뜻으로 참도(參道)라고 부르고 있지만, 이것 역시 잘못
된 일본식 용어로, 정로 또는 신로(神路)로 고쳐져야 한다.
   길 로(路)와 길 도(道)는 모두 '길'을 뜻하는 한자다. 하지만 나라에
따라 쓰임이 다르다. 일본의 경우, 대체로 길 도(道)가 압도적으로 많
이 쓰인다. 반면, 우리나라의 경우만 놓고 본다면 우리가 구체적으
로 눈으로 볼 수 있는 길은 모두 길 로(路)를 쓰며, 관념 속의 길은
길 도(道)를 쓰는 것이 옳다. 세종로, 을지로, 청계로, 종로, 퇴계로,
충무로, 테헤란로 등 유명 거리의 이름에서도 확인이 되며, 새로 도
입된 도로명 주소를 보면 모두 로(路)를 사용하고 있다.
   반면, 추상적인 길은 모두 도(道)를 사용한다. 예를 들면, 기사도
정신, 정도(正道)를 가야 한다. 도를 닦다. 왕도(王道)정치 등… 그런데
우리는 일제강점기를 거치면서 일본식 한자가 우리의 한자를 몰아
냈고 그 후유증이 지금까지도 이어지고 있다. 따라서 이제부터라도
일본식 한자는 버리고 우리 고유의 문화재용어를 회복해야겠다.

인정문에서 취조한 이인좌의 난

그런데 인정문과 관련된 실록의 기사 중에는 왕이 친국(임금이 직접 죄인을 문초함)을 했다는 기사가 무려 150건이나 보인다.

광해 7년 윤8월 6일
임금이 인정문에 나아가 죄인을 친국하다

광해 8년 5월 30일
인정문에 나아가 취유석·유찬·박제 등을 국문하다

광해 8년 8월 23일
사시에 인정문에 나아가 친국하다

광해 10년 8월 22일
인정문 밖에서 친국을 하겠으니
정국을 진선문 안에서 하라고 전교하다

효종 5년 7월 13일
인정문에 나아가 김홍욱을 친국하다

숙종 15년 4월 26일
인정문에서 친국을 파하고 환궁하다

숙종 27년 9월 29일
인정문에 나아가 궁녀 설향·숙영 등을 친국하다

영조 4년 3월 21일
임금이 인정문에 나가 친국하다

영조 4년 5월 1일
인정문에서 친국하고 이사로와 임환을 대질시키다

영조 5년 2월 28일
인정문에 나아가 황소를 친국하다

영조 6년 3월 9일
세자와 옹주를 매흉한 궁인들을 인정문에서 친국하다

영조 10년 1월 7일
인정문에 나가 영남의 괘서 죄인 서무필을 친국하다

영조 16년 1월 26일
인정문에 나아가 수인들을 친국하다

이는 인정문 바깥조정이 추국장으로 이용되었음을 보여주는 것이다. 그러면 창덕궁에서 임금이 직접 친국한 사건중에 가장 큰 사건은 무엇이었을까? 바로 1728년(영조4) 발생한 '이인좌의 난'이었다.

영조 4년(1728) 3월 26일
이인좌의 공초
임금이 인정문(仁政門)에 임어하여 친국(親鞫)하였다. 이인좌(李麟佐)를 형신(刑訊)하니, 이인좌가 공초하기를, …(후략)…

이인좌의 난은 영조 집권 초기에 일어났던 반란으로, 무신년에 일어났기 때문에 무신란(戊申亂)이라고도 한다. 반란군의 총대장을 이인좌가 맡았기 때문에 이인좌의 난이라고 부른다. 젊은 경종이 재위 4년만에 허무하게 죽고 영조가 즉위했을 때, 영조를 후원했던 노론이 정권을 잡은 것은 당연한 것이었다. 따라서 경종을 후원했던 소론은 매우 위축될 수 밖에 없었는데, 소론 내부에서는 경종의 의문사에 강한 의혹을 제기했고, 영조가 경종을 독살했다는 인식이 차츰 확산되어, 드디어는 소론 강경파를 중심으로 경종의 복수를 하자라는 지경에 이르렀다.

한편 영조는 즉위 초에 너무 노론 쪽에 힘이 쏠리자, 그 유명한 탕평책을 강력하게 시행했는데, 노론과 소론을 막론하고 강경파의 주동자들은 모두 제거하고, 주로 온건파 위주로 기용을 했다. 그러나 노론의 온건파 마저도 왕의 기대를 져버리고 소론에 대해 집중적인 정치공세를 취하자, 영조는 더 이상 참지못하고 노론을 완전히 몰아내고 소론을 대거 기용했으니, 이것이 역사상의 정미환국이다.

정미환국을 통해 소론의 온건파[완론]가 정권을 잡았으나, 소론의 강경파[준론]는 그에 만족하지 않고 여전히 경종의 복수를 위한 반란계획을 추진하여 실행에 옮겼으니, 그것이 바로 이인좌의 난이다. 원래 계획으로는 이인좌는 한양에 가까운 충청도에서 군사를 일으키고, 영남과 호남 그리고 평안도에서도 각각 군사를 일으켜 한양으로 접근하면, 한양의 총융사와 포도대장이 내응하기로 되어 있었다. 그러나 거사계획이 사전에 누출되어, 평양과 한양은 순식간에 제압되었다.

하지만 이인좌는 곧바로 거사를 실행에 옮겼는데 먼저 청주성을 점령했다. 장례행렬로 위장하고 관 속에 무기를 숨겨서 청주성 안에 들어온 다음, 삽시간에 점령해 버렸다. 이때 청주성을 지키던 충청병사 이봉상은 5대조 할아버지가 이순신이었으나, 경계를 소홀히 하는 바람에 반란군에게 죽임을 당했다.

영조 4년(1728) 3월 15일
이인좌 등 적이 청주성을 함락시키다
적(賊)이 청주성을 함락시키니, 절도사 이봉상과 토포사 남연년이 죽었다. 처음에 적 권서봉 등이 양성에서 군사를 모아 청주의 적괴(賊魁) 이인좌와 더불어 군사 합치기를 약속하고는, 청주 경내로 몰래 들어와 거짓으로 행상(行喪)하여 장례를 지낸다고 하면서, 상여에다 병기를 실어다 고을 성(城) 앞 숲속에다 몰래 숨겨 놓았다. …(중략)… 이날 밤에 이르러 적이 이봉상이 깊이 잠든 틈을 타 큰 소리로 외치며 영부(營府)로 돌입하니, 영기(營妓) 월례 및 이봉상이 친하게 지내고 믿던 비장(裨將) 양덕부가 문을 열어 끌어들였다. 이봉상이 창황하게 침상

머리의 칼을 찾았으나, 찾지 못하자 적이 끌어내 칼로 위협했다. 이봉상이 크게 꾸짖기를,
"너는 충무공(忠武公) 집안에 충의(忠義)가 서로 전해져 오고 있음을 듣지 못했느냐? 왜 나를 어서 죽이지 않으냐?" 하고 크게 세 번 외치니, 드디어 죽였다.

이인좌의 반란군이 초기에 집중력을 발휘할 수 있었던 이유는, 경종을 애도한다는 뜻에서 모든 군사들에게 상복과 같은 흰옷을 입혔고, 경종의 위패를 모시고 주기적으로 곡을 하게 하는 등, 반란군들이 심적동요가 생기지 않도록 심리전을 이용했기 때문이었다. 그러나 청주성을 지키던 오합지졸 수준의 '지방군'과는 달리, 토벌군은 '중앙군'인 5군영에서 차출되어 온 정예 군사들이라 반란군은 패배했고, 이인좌는 사로잡혀 한양으로 압송당한 뒤 처형당했다.

이제 남은 병력은 호남과 영남의 병력뿐이었는데, 호남의 병력마저 내부 배신으로 힘 한번 제대로 쓰지 못하고 무너졌다. 그러나 영남의 병력은 달랐다. 다른 지역은 병력이 1만에 채 미치지 못했지만, 영남은 무려 7만에 달했기 때문에 반란도 오래갔고, 만년 야당신세를 벗어나지 못한 남인의 근거지였던 영남지역의 민심도 반란군에 동조적이었을 뿐만 아니라, 이인좌 역시 남인의 영수로서 노론에 의해 사사된 윤휴의 손녀사위였기 때문에, 영남유림들의 적극적인 지지를 받았던 탓도 있었다.

반역향으로 낙인 찍힌 영남지역

이인좌의 난을 계기로 영조는 대구부의 남문 밖에 평영남비(平嶺南

碑)를 세워, 영남지역을 반역향(反逆鄕)으로 낙인찍었다. 그리고 소론은 정권을 다시 노론에게 넘겨줘야 했다. 그런데 이인좌의 난은 이것으로 끝난 것이 아니었다. 소론 강경파는 지속적으로 무모한 반란을 기도했다. 심지어 영조 31년에는 반란이 대를 이었는데, 무신년의 가담자인 윤취상의 아들 윤지가 나주로 유배를 갔다가 괘서를 돌린 '나주괘서사건'이 터졌고, 이 때문에 소론과 남인 수십 명이 처형되는 사건이 벌어졌다.

그럼에도 불구하고 소론 강경파는 끝까지 마지막 발악을 이어갔으니, 그것은 바로 답안지 변서사건(答案紙變書事件)으로, 나주괘서사건이 정리된 지 두 달도 채 되지 않은 시점에서, 심정연 등 살아남은 소론 강경파가 영조가 직접 참관한 과거 시험인 토역경과정시(討逆慶科庭試)에서 "영조는 독살범에 왕위 찬탈자다!"라고 답안지에 적어 내어, 영조의 속을 뒤집어 놓은 사건이었다.

영조 31년(1755) 5월 2일

친림하여 시사(試士)할 때 심정연이 시권 난언을 적어 내다

임금이 바야흐로 친림하여 시사(試士)하는데 한 시권(試券)이 처음에는 과부(科賦)를 짓는 것처럼 하다가 그 아래 몇 폭(幅)에다가는 파리 머리만한 작은 글씨를 썼는데 모두 난언패설(亂言悖說)이었다. 고관(考官)이 앞으로 나와 그 글을 진달하니, 임금이 열어 보기를 명하였는데, 바로 무신년에 정법한 죄인 심성연의 동생 심정연이었다. 즉시 수색하여 붙잡아 대령하라 명하였다. …(중략)… 임금이 다 보지 못하고 상을 치면서 눈물을

흘리니, 대신들이 그 대략을 듣기를 청하였다. …(후략)

영조 31년(1755) 5월 20일
신치운을 신문하다
신치운을 신문하였다. 처음에 김도성이 공초하기를,
"심정연(沈鼎衍)의 흉서는 실로 신치운과 함께 의논하여 한 것입니다." 하고, 또 역적 이준(李埈)의 문서 가운데도 신치운을 칭찬하는 말이 많이 있어 이때에 이르러 형신하니, …(중략)…
신치운이 말하기를,
"성상께서 이미 이처럼 의심하시니, 신은 자복을 청합니다. 신은 갑진년부터 게장을 먹지 않았으니 이것이 바로 신의 역심(逆心)이며, 심정연의 흉서 역시 신이 한 것입니다." 하니, 임금이 분통하여 눈물을 흘리고, 시위(侍衛)하는 장사(將士)들도 모두 마음이 떨리고 통분해서 곧바로 손으로 그의 살을 짓이기고자 하였다. …(후략)…

경종 독살설은 영조가 왕세제(연잉군) 시절에 이복형 경종을 독살했다는 것인데, 야사에 따르면 경종을 독살할 때 이용한 것은 바로 상극으로 여겨지는 '감'과 '간장게장'이었다. 그것 때문에 남인 일파에서는 영조를 '게장대왕'이라고 부르기도 했다고 전해지며, 신치운을 친국할 때 신치운이 영조에게 "신은 갑진년(영조 즉위년)부터 게장을 먹지 않았습니다!"라고 말한 것도 영조가 경종을 독살했다는 뜻을 담고 있다. 그 말을 들은 영조는 분통해서 눈물까지 흘렸다고 실록은 전한다.

인정전

철종의
한이
맺힌 곳

한 때 소변으로 더러워졌던 인정전

　국보 제225호인 인정전(仁政殿 / 仁: 어질 인, 政: 정사 정, 殿: 전각 전)은 정면 5칸, 측면 4칸의 중층 다포계 팔작지붕 건물인데, 창덕궁의 정전(正殿=法殿)이다. 특히 임진왜란 이후에는 경복궁이 재건되지 않아, 조선 후기 법궁에서 치러야 하는 가장 큰 규모의 행사들은 모두 인정전에서 치러졌다. '조하'나 '조참' 같이 문무백관이 참여하는 행사는 물론이고, 외국 사신들의 공식 접견도 이루어졌으며, 수많은 참가자가 있는 과거시험도 이곳에서 치러졌다. 과거시험 때는 사람이 너무 많

창덕궁 실록으로 읽다
치조 일원

인정전

이 모이다보니 인정전 주변에서 노상방뇨 하는 사람들로 인해 인정전이 더러워지는 지경까지 이르렀고, 그런 행위를 엄금하도록 하라는 실록기사까지 보인다.

정조 18년(1794) 2월 21일
인정전에 거둥하여 삼일제를 거행하다

인정전(仁政殿)에 거둥하여 삼일제(三日製, 3월3일에 보던 과거)를 거행하였다. 문 안에 들어온 유생의 숫자가 2만 3천 9백여명이나 되어 뜰에 전부 수용할 수가 없자, 인정전 뜰에서 금천교(禁川橋) 밖에까지 늘어 앉도록 하였다. 거둔 시권(試券)이 1만 5백 68장이었는데, 수석을 차지한 유학(幼學) 김취강은 전시(殿試)에 곧바로 응시하게 하였고, 회시(會試, =복시)에 곧바로 응시토록 한 사람이 1백 명, 점수를 준 사람이 1백 명, 상을 준 사람이 1백 명이었다.

광해 10년(1618) 10월 9일
전시에 인정전에서 소변 보는 일 등을 엄금하도록 전교하다
전교하였다.
"인정전(仁政殿)에서 전시(殿試)를 누차 거행하여 매우 더러워졌다. 소변을 보는 일 따위를 병조로 하여금 각별히 엄금하게 할 일을 착실히 거행하도록 하라."

인정전에서 발표한 철종의 개혁시도

한편 철종은 안동 김씨 일족의 세도정치로 인해 극에 달한 부정부패의 대표현상인 '삼정의 문란'을 바로잡기 위해, 인정전에서 개혁안을 발표하기도 했다. 본인이 직접 어려운 시절을 겪었기 때문에 누구보다 백성들의 고충을 잘 알고 있던 철종이었지만, 개혁안은 부패한 안동 김씨 권력에 의해 철저히 좌절되고 만다.

철종 13년(1862) 6월 12일
삼정의 폐단을 바로잡는 데 대한 시책을 행하다
인정전(仁政殿)에 나가서 친히 전부(田賦), 군정(軍政), 환곡(還穀)의 삼정(三政)의 폐단을 바로잡는 데 대한 시책이 있었다. 이어 대신(大臣)과 이정청(釐整廳)의 당상(堂上)을 인견하였다.

흔히들 철종을 '강화도령'으로 부르면서, 강화도에서 농사짓고 나무나 하던 일자무식의 무지렁이로 알고 있는 경우가 많다. TV 사극이나 영화 등을 통해 강화도령의 그런 이미지가 많이 알려지긴 했어도, 그건 명백한 오해다. 철종의 출생지는 의외로 강화도가 아닌 한양이다. 실록의 철종대왕 행장(行狀. 죽은 사람이 평생 살아온 일을 적은 글)을 읽어봐도 이미 4살 때 천자문을 배웠던 것으로 나와 있고, 현재 남아있는 철종의 어필을 봐도 비록 명필은 아니지만, 어려서 글공부를 전혀 안했던 사람의 글씨는 결코 아니다. 그렇다면 왜 그런 오해가 그토록 널리 퍼져 있을까? 철종대왕 행장 속의 한 구절에 그 실마리가 있다.

> 14세 때 집안에 어려운 일을 당하여 전가족이 교동(喬桐. 교동도)으로 이사하였고, 즉시 또 강화(江華. 강화도)로 이사했는데 …

철종이 14세 때 당했다는 어려운 일이란 과연 무엇이었을까? 그리고 왜 강화도로 이사를 했을까? 우선 강화로 이사를 했다는 부분부터 설명하면 '이사'를 간 것이 아니라, '유배'를 간 것이다. 그 이유는 당연히 14세 때 당했다는 어려운 일 때문이었다.

철종이 14세였을 당시는 1844년이다. 이때 조선에서는 무슨 일이 있었을까? 좀더 이야기를 이해하기 쉽게 설명하려면, 시대를 조금만 더 거슬러 올라가야 한다. 영조의 아들이었던 사도세자는 적자인 세손(정조) 이외에도, 은언군(恩彦君, 1754~1801), 은신군(恩信君, 1755~1771), 은전군(恩全君, 1759~1777) 이렇게 서자인 세 아들을 더 두었는데, 모두 정조의 이복동생들이다.

정조 이복동생들의 비참한 인생

그런데 사도세자의 사후, 세손(정조)을 제외한 은언군 형제들은 모두 출궁조치 되었고, 이후 궁핍한 생활을 했다. 그 이유는 역모죄로 폐세자된 죄인의 아들이라는 것이었다. 물론 세손(정조)도 죄인의 아들이었지만 왕통을 계승할 다른 사람이 없었기 때문에, 영조는 세손을 사도세자의 이복형이었으나, 어린 나이에 요절한 효장세자(진종으로 추존)의 양자로 입적하는 편법을 썼다.

은언군 형제들은 노론의 실력자인 홍봉한(정조의 외할아버지)으로부터 한 때 약간의 돈을 지원받기도 했지만, 어려운 생활이 이어지면서 은언군과 은신군은 시전상인들로부터 수백 냥의 빚까지 지게 된다. 이것이 영조에게까지 알려지고 양사로부터 탄핵을 받게 되자, 결국 두 사람은 제주도로 귀양을 갔고, 은신군은 그곳에서 풍토병으로 만 16세의 어린 나이에 사망했다.

영조 47년(1771) 4월 12일
은신군 이진의 졸기
은신군 이진(李禛)이 제주의 귀양간 곳에서 졸(卒)하였다.

한편 가장 어린 은전군 역시 불과 만18살에 사사되었는데, 그 이유는 정조 즉위년(1777)에 발생한 경희궁 존현각에서의 정조살해 미수사건 때문이었다. 홍인한, 정후겸 등 사도세자를 제거하는 데 앞

장섰던 노론세력은 정조가 즉위하자 후환이 두려워, 정조를 암살하고 은전군을 왕으로 추대하려고 했다. 그래서 자객을 보냈는데 자객이 정조의 침실지붕까지는 침투했지만 발각되어 실패로 돌아갔고, 이에 은전군은 역모의 혐의로 사사되었다.

따라서 정조의 이복형제 중 남은 사람은 은언군 단 한사람뿐이었다. 아무리 이복동생이라지만 동생들이 귀양가서 죽거나, 사약을 받고 죽는 것을 지켜봐야 했던 정조의 마음은 편할 리가 없었다. 그래서 정조는 이복동생들을 살리기 위해서 많은 노력을 했다. 은전군의 경우만 봐도 암살범들의 계획에는 은전군을 왕으로 추대하는 것이 들어 있었지만, 그것은 은전군과 상의한 것이 아니라 일방적으로 자기네들의 계획에만 들어있었다. 그 때문에 삼사와 대신, 종친들이 벌떼같이 일어나 은전군을 죽이라고 상소를 올렸지만, 정조는 처음에는 허락하지 않았다. 하지만 국왕 암살미수라는 전대미문의 사태에 대한 신하들의 압박에 정조도 결국 사약을 내리게 되었다.

계속되는 역모와 천주교의 박해

혼자 남은 은언군은 정조의 배려로 제주도의 유배가 풀리자, 한양으로 돌아와서 여러 관직에 기용되었다. 그런데 당시 정조의 오른팔이었던 홍국영이 자신의 누이(원빈 홍씨)를 정조의 후궁으로 들였지만 1년만에 죽자, 은언군의 장남인 완풍군[후에 상계군(常溪君)으로 개칭]을 원빈의 양자로 삼고, 나아가 세자로 책봉하려는 계획까지 세웠다. 하지만 세도정치를 휘두르던 홍국영이 쫓겨나면서 죽게 되었고, 홍국영의 잔당들은 계속해서 그 계획을 역모수준으로 추진하다가 탄

로나면서, 이에 연루된 상계군은 자결하였다.

정조 10년(1786) 12월 1일
홍국영 상계군 이담 등의 역적됨을
왕대비가 빈청에 언문으로 승정원에 전하다

　이 사건을 조사하던 과정에서 은언군 역시 죽을 누명을 뒤집어 썼지만, 은언군을 아낀 정조가 대신들의 요구를 뿌리치고 강화도에 유배시키는 선에서 마무리를 지었다. 정조가 살아있는 동안만큼은 정조의 보살핌 덕분에 은언군은 목숨을 부지할 수 있었지만 막상 정조가 죽자, 상황은 180도로 완전히 달라졌다. 순조 1년 신유박해 때 은언군의 부인과 며느리가 천주교 신자라는 사실이 밝혀지면서 순교를 당했는데, 이를 이유로 은언군 역시 노론으로부터 집중적인 탄핵을 받고 사사되었다. 이때 은언군은 이미 죽은 상계군(常溪君) 이외에도 풍계군(豐溪君)과 전계군(全溪君)을 남겼는데, 전계군의 3남 중 막내가 바로 훗날 철종이 되는 원범이다.

정조 10년(1786) 12월 28일
은언군 이인을 강화부에 귀양보내니 대신들이 이의를 제기하다

순조 1년(1801) 3월 16일
대왕대비가 서학에 연루된 은언군 이인의 처와 며느리를 사사하다

순조 1년(1801) 5월 29일
은언군·홍낙임에게 사사하다

지금까지의 이야기를 들어보면 철종은 할아버지 은언군 시절부터 계속 강화도에서 유배생활을 했던 것 같은데, 왜 1844년에 강화도로 이사를 했다는 말이 나왔을까? 게다가 철종은 강화도가 아니라 한양에서 태어났다.

아버지 정조의 유지를 받들어 은언군 식솔을 챙기는 순조

정조의 뒤를 이어 왕위에 오른 순조는, 생전에 이복동생인 은언군을 살리려고 노력했던 아버지 정조의 유지를 받들어서, 은언군의 자녀들을 석방시키려고 무척 노력했다. 1817년 순조는 강화도 안에서 은언군 아들인 풍계군과 전계군의 집을 지어주었는데, 유배를 풀어준 것이 아니므로 크게 문제될 것이 없다면서 노론 대신들의 반발을 묵살했다. 또한 1822년에는 유배형의 등급을 조정했는데, 원래 집 주위에 가시울타리를 치는 위리안치형에서 형을 감형하여, 집 주위의 가시울타리를 거두고 혼인도 할 수 있게끔 해줬다. 이번에도 반대 상소가 빗발치듯 올라왔지만, 순조는 이를 받아들이지 않았다. 이어 1830년에는 은언군의 자손들을 강화도에서 방면하여, 철종은 1831년 한양에서 출생할 수 있었다. 따라서 한양에서 왕족의 일원으로 출생한 철종이 처음부터 농사꾼이나 나무꾼 무지렁이 일 수는 없다고 봐야 한다.

순조 17년(1817) 11월 30일
승정원에서 의계하여 죄인을 옮기면 안된다고 하였으나, 듣지 않다
승정원에서 의계(議啓)하기를,
"신 등이 강화 유수 김상휴의 장계를 보니, 가도사 원영정, 중관 오복겸이 〈은언군(恩彦君) 이인(李裀)의 아들인〉 천극 죄인 (荐棘罪人) 철득(鐵得)과 쾌득(快得)을 옮겨 놓고, …(중략)… 철저하게 살피어 제방(隄防)을 엄중히 하시기 바랍니다." 하니, 비답하기를,
"아주 풀어주는 것과는 다르니, 번거롭게 하지 말라." 하였다.

순조 22년(1822) 3월 1일
사간원에서 은언군 자녀에게 둘러친 가시 울타리의 철거를 반대하다
사간원에서 연명으로 상소하여 이인(李裀)의 자녀에게 둘러친 가시 울타리를 철거하라는 명을 거둘 것을 청하였으나, 윤허하지 않았다.

한편 철종의 아버지 전계군은 장남 원경, 차남 경응, 삼남 원범(철종) 이렇게 세 아들을 두고 있었는데, 1841년 전계군의 사망 이후 탈상하는 과정에서, 병조정랑이었던 민진용이 공교롭게도 안동 김씨의 최고권력자들이 잇달아 사망해서 권력의 누수현상이 생긴 틈을 타, 전계군의 장남인 이원경을 왕으로 추대하려했던 모반사건[민진용의 옥]이 발생하여, 이에 연루된 원경은 사사되었고, 이 일로 전계군 일가는 1844년 교동도(喬桐)로 유배되었다가 곧 강화도로 옮겨지

게 되었다.

종합적으로 판단해 보면 철종은 비록 불우한 어린 시절을 보내긴 했지만, 14살인 1844년까지는 한양에서 농사꾼 무지렁이와는 전혀 상관없는 왕족으로서의 생활을 했다고 봐야 하고, 따라서 어느 정도의 기본적인 교육을 받았을 것이다. 그렇다면 강화도령이라는 말이 생겨난 이유는 무엇일까?

불우한 환경의 왕족에다가 그나마도 서자출신이었던 철종은 1844년부터 왕위로 오르는 1849년까지 5년 동안, 유배지인 강화도에서 생계를 위해 농사짓고 나무를 하는 빈궁한 생활을 해야만 했다. 그래서 사대부들은 그를 강화도령이라고 조롱을 했고, 그것이 그의 별명으로 굳어지게 된 것이다. 심지어 조정에서는 철종에 대해 강화도령이라고 부르는 사람은 장형을 가하고 벌금까지 부과했지만, 사대부뿐만 아니라 일반 백성들까지도 서자, 서출, 강화도령이라며 그를 조롱하면서 비하하는 발언을 일삼았다. 이는 안동 김씨 일족에 의한 세도정치의 여파로 국왕의 권위가 땅에 떨어졌기 때문이었다.

그런데 많고 많은 왕족들 중에서 왜 하필 강화도령 철종이 왕이 되었을까? 안동 김씨의 세도정치는 거침이 없었다. 따라서 정권유지에 걸림돌이 되는 세력은 가차없이 제거했다. 이때 반대파를 제거하는 대표적인 명분으로 역적모의를 꼽았고, 이 역모에는 반드시 왕족을 포함시켜서 역모를 그럴듯하게 포장하였다. 그러다보니 죄없는 왕족들이 연루되어 죽어 나갔고, 헌종의 사후에는 원범(철종)을 제외하고는 제대로 된 왕족이 남아있지 않을 정도였다. 오죽하면 흥

선대원군 이하응이 세도정치 속 권력자들의 감시망을 벗어나 살아남기 위해, 저잣거리에서 시정잡배들과 어울리며 '상가집의 개'라는 별명을 들을 정도로 행세했겠는가?

왕권을 능멸하는 안동 김씨의 세도정치

사실 철종의 왕위계승도 왕실의 법도에서 보면 결코 정상적인 경우는 아니다. 철종의 선왕이었던 헌종은 정조의 증손자이고, 철종은 정조의 이복동생 은언군의 손자이므로, 철종은 선왕이었던 헌종의 7촌 아저씨 뻘이다. 유교[성리학]를 국시로 하는 조선에서는 족보상 항렬이 높은 사람이 아랫사람의 제사[종묘 제례]를 지낼 수는 없다.

따라서 조선에서는 손윗사람이 손아랫사람의 왕통을 계승한 사례는 단종으로부터 왕위를 강제로 찬탈한 세조가 유일하다. 하지만 세조는 단종을 광해군이나 연산군처럼, 왕이 아닌 노산군으로 격하시켰기 때문에, 최소한 법적으로는 단종의 뒤를 이은 것이 아니라 친형 문종의 뒤를 이은 것이어서, 왕통계승에는 문제가 전혀 없었다.

이런 왕통계승 원칙은 심지어 중종반정과 인조반정의 경우에서도 지켜졌는데, 정상적인 상황에서는 절대로 일어날 수 없는 일이 철종의 왕위계승에서 일어난 것이다. 이는 안동 김씨 일족의 세도정치가 어느 정도로 왕권을 능멸했는지를 단편적으로 보여주는 사례다.

철종의 선왕인 헌종왕릉(경릉)도 마찬가지다. 헌종은 현재 구리시

동구릉에 있는 삼연릉인 경릉, 오른쪽이 왕이 묻힌 능이다.

동구릉 내 경릉(景陵)에 묻혀 있는데, 왕과 두 왕비의 무덤이 한 줄로 나란히 있는 삼연릉이다. 조선왕릉의 장묘법에서는 있을 수 없는, 이런 희한한 왕릉이 탄생한 것도 세도정치에 의한 왕권의 실추가 얼마나 심했는지를 보여주고 있다.

그렇다면 철종은 왕이 되고 나서 할 수 있는 일이 아무 것도 없었을까? 사실 그랬다. 철종은 무늬만 왕이었고, 실권은 모두 안동 김씨 일족이 쥐고 있었다. 민간에 전승되는 이야기 한 토막에 의하면, 안동 김씨 세도가에 인맥과 뇌물을 써서, 변방인 북청의 수령직을 얻게 된 어느 바보 북청 물장수가 있었다고 한다. 그런데 이 사람이 임명장을 받으러 한양으로 상경했는데, 임금의 존재를 알아보지 못하고 철종 앞에서 자신이 군수직에 임명되었음을 자랑하였다고 한다. 또 다른 전설에 의하면 이 물장수가 철종에게 "임금님 나으리, 내가 바로 북청군수로 부임하는 사람이외다."라고 말을 놓았다고도 한다.

그런 상황 속에서도 직접 백성들의 어려운 생활을 겪어본 철종은 지배계층에 의한 삼정의 문란을 개선하는 개혁조치를 발표하고, 관리들의 부정부패를 지적하는 등, 백성들을 위한 정책을 펼치려 부단히 노력했으나, 이 역시 안동 김씨 일족에 의해 처음부터 좌절되었다. 따라서 세도정치 속에서는 아무 것도 할 수 있는 일이 없다는 것을 깨달은 철종은, 이후 주색을 가까이 하면서 건강이 급격히 악화되었고, 결국 33세라는 젊은 나이에 후사없이 세상을 떠났다.

철종 13년(1862) 11월 15일
영의정 정원용이 각도의 삼정의 폐해를 아뢰다

희정당에서 약원(藥院)의 입진(入診)과 차대(次對)를 행하였다. 영의정 정원용이 아뢰기를,

"삼정(三政)에 대해 이정(釐整)하기 전의 법령이나 후의 법령은 모두 백성을 위하는 데에서 나온 것입니다. …(중략)… 삼남(三南) 같은 데 이르러서는 환상(還上), 전결(田結) 두 가지 폐단이 가장 극심한데, 결정(結政)은 근래 고을에서 과외(科外)로 외람되게 받아들인 것은 모두 조사하여 감면시켜야 합니다. 환정(還政)의 폐단을 바로잡는 일에 대해서는 지난번 조목별로 열거하여 계하(啓下)하신 것이 있으니, 그 가운데 약간 증산(增刪)을 가하여 계품(啓稟)한 뒤 행회(行會)하게 하소서." 하니, 그대로 따랐다.

·· 뱀의 발

조선시대 임금이 있는 궁궐에서는 설날 때 무슨 일이 있었나?

조선왕조실록을 찾아보면 매년 정초에는 정전(인정전. 근정전)에서 망궐례를 행하고, 회례연을 벌였다.

연산 7년(1501) 1월 1일
백관을 거느리고 인정전에서 망궐례를 행하고 대비전에 하례 드리다

백관을 거느리고 인정전(仁政殿)에서 망궐례(望闕禮)를 거행하였다. 양 대비전에 축하를 드리고, 표리(表裏)를 바치고 회례연(會禮宴)을 거행하였다.

세종 즉위년 11월 16일
인정전에서 동지 망궐례를 행하고 신하들의 조하를 받다

세종 7년 1월 1일

왕이 왕세자와 함께 망궐례를 거행하고 인정전에 들어 조하를 받다

성종 4년 1월 1일

백관을 거느리고 인정전에 나아가 망궐례를 행하다

중종 12년 1월 1일 정축 1번째기사

백관을 거느리고 인정전에서 망궐례를 거행하다

명종 9년 11월 18일

백관을 거느리고 인정전에서 망궐례를 행하다

광해 1년 1월 1일

영모전에서 정조제를 지내고 인정전에서 망궐례를 행하다

망궐례(望闕禮) 한자를 풀어보면 '바라볼 망, 대궐 궐, 예도 예'인데 '대궐을 바라보고 예를 드렸다'는 뜻이다. 궁궐이나 대궐이나 같은 말인데, 대궐 속에서 대궐을 바라보고 예를 드린다? 이게 무슨 뜻일까? 여기서 대궐을 바라본다는 것은 중국의 황제가 있는 대궐을 뜻한다. 따라서 설날인 정초에는 중국의 황제에게 예를 드리는 것이 조선왕실에서 정해진 예법이었다. 또 망궐례가 끝나면 회례연(會禮宴)을 베풀었는데 회례연의 한자를 풀어보면 '모일 회, 예도 예, 잔치 연'으로 설날 또는 동짓날에 모든 신하들이 한자리에 모여서 임금에게 인사

를 올린 후에 베풀던 잔치를 뜻한다.

그럼 회례연을 왜 설날과 동짓날에 했을까?

그것은 동짓날은 양력으로 새해가 시작되는 시점으로 보았고[동지부터 해(낮)의 길이가 길어진다] 설날은 음력으로 새해가 시작되는 시점으로 보았기 때문이다.

우리는 전통적으로 음력만을 사용했고 양력은 쓰지 않았다고 생각하지만, 실은 우리는 음력과 양력을 모두 사용했다. 그래서 우리가 전통적으로 쓰던 달력을 통상적으로는 음력이라고 하지만, 엄밀히 말하면 순태음력이 아닌 태음태양력이다. 즉 날짜는 음력으로 계산했지만, 계절은 양력으로 계산한 복합적인 달력을 사용한 것이다. 농경문화에서는 농작물의 파종시기와 수확시기를 알기 위해 태양력이 절대적으로 필요하다. 그런 이유때문에 전통적인 24절기는 태음력하고는 전혀 상관없이 태양력으로만 구성되어 있다. 예를 들어 춘분, 추분, 하지, 동지는 24절기에 들어있지만 해의 길이를 기준으로 만들어진 절기다.

선정문

27세
최연소
병조판서의
비극

27세에 병조판서가 된 남이와 귀성군

　선정문(宣政門 / 宣: 베풀 선, 政: 정사 정, 門: 문 문)은 창덕궁의 편전인 선정전의 정문이다. 치조영역 안에 있는 법전(정전)과 편전의 정문이름은, 건물이름을 그대로 사용한다. 그래서 인정전의 정문은 인정문이고, 선정전의 정문은 선정문이다. 이것은 다른 궁궐도 예외없이 동일한 규칙이 적용된다. 예종은 1년 3개월이 조금 넘는 아주 짧은 재위기간 동안 통치를 했음에도 불구하고, 매우 큰 사건을 하나 남겼으니 바로 '남이의 옥(獄)'이다.

창덕궁 실록으로 읽다
치조 일원

선정문

예종 즉위년(1468) 10월 30일
남이와 모의한 맹불생을 참형에 처하고
관련자들을 모두 선정문 뜰에 가두다

장용대(壯勇隊)의 오마수(吾麻守)가 같은 장용대 사람 진소근지(陳小斤知), 맹불생(孟佛生), 이산(李山) 등이 남이(南怡)와 더불어 당류가 되어 통모(通謀)하였다고 고하므로 곧 맹불생을 잡아서 묻게 하였으나 말이 자못 바르지 아니하였다. 형벌을 가하자 이에 자복하므로 처참(處斬)하도록 명하고, 또 진소근지에게 물으니 사련자(辭連者)가 수십 인인데 모두 잡아오도록 명하였다. …(후략)…

예종의 아버지 세조는 자신이 왕위에 오르는 과정에서, 형 '문종'

은 병약했고, 조카 '단종'은 너무 어린 나이로 즉위했던 탓에, 신권이 왕권을 넘어서려는 것을 목격했다. 이에 세조는 비대해진 신권을 견제하는 카드로, 뛰어난 자질을 가진 두 명의 젊은 종친을 중용했다. 아무래도 피붙이가 더 신뢰가 가기 때문이었을 것이다. 그 중 한 사람은 유명한 '남이' 장군으로, 남이는 태종의 4녀인 정선공주의 손자다. 따라서 촌수로 따지면 세조는 남이의 오촌 '당숙'이 된다. 나머지 한 사람은 '귀성군(또는 구성군) 이준'인데, 귀성군은 수양대군의 동생인 임영대군의 2남이다. 따라서 촌수로 따지면 세조는 귀성군의 '삼촌'이다.

이 두 사람의 역사적 활약상은 너무나도 유명해서 굳이 따로 설명할 필요가 없을 정도인데, 재미있는 것은 이 두 사람이 모두 1441년생이라는 점이다. 그리고 똑같이 27세가 되던 해에 병조판서를 역임했는데, 귀성군이 먼저 병조판서를 하고, 그 자리를 남이에게 넘겼다. 귀성군은 그 다음 해에 약관 28세로 영의정에 오름으로써, 조선왕조 최연소 영의정의 타이틀까지 거머쥐었다. 그만큼 그 두 사람은 능력이 탁월했는데, 심지어 백성들 사이에서는 왕이 될 재목이라는 소문도 돌 정도였다.

왕족의 정치참여 배제를 명문화한 경국대전

하지만 세조가 죽자 정치환경이 급속도로 바뀌었다. 세조를 이은 예종은 보잘것없는 자신과 비교했을 때, 젊은 두 종친들의 뛰어난 활약상이 영 못마땅하였을 뿐만 아니라, 시기와 질투까지 했다. 그래서 유자광의 모함을 이용하여 남이를 먼저 제거했다. 하지만 예종 역시 불과 재위 15개월만에 승하하였다.

그런데 '예종'의 뒤를 이은 새 임금은 왕위계승서열에서 제안대군[예종의 아들]과 월산대군[세조의 장손이자 자을산군의 친형]에게도 밀리는, 제3순위였던 자을산군이었으니, 그가 바로 '성종'이다. 성종의 즉위는 순전히 권신 한명회의 농간이었다. 왜냐하면 예종과 성종 모두 한명회의 사위였던 탓에 왕위 계승서열에서 후순위로 밀렸어도 왕이 될 수 있었던 것이다.

•• 뱀의 발
남이와 귀성군의 최후

예종이 즉위한 지 얼마 안 된 1468년, 남이는 숙직을 하면서 하늘에 혜성이 나타난 것을 보고 '묵은 것을 없애고 새 것이 들어설 징조'라고 했다. 이것을 엿들은 유자광이 그가 영의정 강순 등과 모여 역모를 꾸민다고 모함하여 하옥되었다. 이 때 유자광은 평소 남이가 자신의 호방함을 표현한 시를 교묘하게 위조했다.

　　白頭山石磨刀盡 (백두산석마도진): 백두산의 돌은 칼을 갈아 다 없어지고
　　豆滿江水飮馬無 (두만강수음마무): 두만강 물은 말이 마셔 다 말라 없어졌네
　　男兒二十未平國 (남아이십미평국): 사나이 스무 살에 나라를 태평하게 못 하면
　　後世誰稱大丈夫 (후세수칭대장부): 후세에 누가 대장부라 칭하리

유자광은 이 시에서 '男兒二十未平國(남아이십미평국)'을 '男兒二十未得國(남아이십미득국)'으로 한자를 살짝 바꿔 '사나이 스무 살에 나라를 얻지 못하면'으로 해석하여 역적의 누명을 씌웠다. 1468년 10월 남이는 군기감 앞 저잣거리에서

강순 등과 함께 거열형(車裂刑)을 당했다.

　한편 남이가 죽은 2년 후인 1470년, 최세호가 귀성군이 왕의 재목이라고 한 것을 정인지가 역모로 엮어서, 1월 14일에 최세호와 권맹희는 죽임을 당하고, 귀성군은 경상도 영해(寧海)로 유배를 가게 된다. 그로부터 9년 후 1479년 39세를 일기로 사망하였다.

　아무튼 성종이 즉위했을 때 이미 남이는 제거되고 없었지만, 아직 귀성군 이준은 살아있었다. 하지만 귀성군 역시 역적의 누명을 쓰고 유배형으로 쓸쓸히 생을 마감했다. 이렇듯 자질이 뛰어난 종친들이 왕권 경쟁자로 부상하는 사례가 잇따르자, 성종은 왕족의 정치 참여 배제를 공론화하여 제도로 만들고 이를 조선의 법전인 경국대전에 명시하게 하였다.

　따라서 성종 이후로는 종친은 왕의 4대손까지 종친부의 관직을 제수하고 봉급을 지급했지만, 종친이 맡을 수 있는 관직은 종친부의 관직, 외교사신의 역할, 중요하지 않는 관청의 도제조, 제조, 부제조 등 명예직이나 임시관직 또는 교대로 근무하는 오위도총부의 도총관, 부총관 정도의 관직에 한정되었기 때문에, 실제 정치에는 제도적으로 개입할 수 없게 되었다.

선정전

이곳에서
조선당쟁사를
간추려보다

궁궐내 청기와로 덮힌 유일한 건물

　보물 제814호인 선정전(宣政殿 / 宣: 베풀 선, 政: 정사 정, 殿: 전각 전)은 창덕궁의 주편전(便殿)으로, 국왕이 평상시에 거처하며 신하들과 일상적인 국사를 의논하고 행하던 곳이다. 경복궁 사정전과 그 기능과 역할이 똑같다. 일반적으로 궁궐의 편전위치는 경복궁의 사정전처럼 정전(正殿, 근정전)의 뒤쪽에 위치하는 것이 일반적인데, 이는 건물간의 위계질서에 의한 서열을 나타내는 것으로 이해될 수 있다. 그런데 선정전은 창덕궁의 지형적인 특성 때문에 정전(正殿, 인정전)의 뒤가 산

선정전

선정전 청기와

줄기로 막혀있어서, 지세에 따라 부득이하게 인정전의 동쪽 뒤편에 위치해 있다.

  외관상 선정전의 특징으로는 크게 두 가지를 꼽을 수 있는데, 먼저 창덕궁 내에서 지붕에 청기와를 올린 유일한 건물이라는 점이다. 청기와는 일반기와에 비해 만드는 비용이 몇배나 들어갈 뿐 아니라, 재료를 구하기도 어려운 점이 실록 여기저기에 기록되어 있다. 또한 유교를 국시로 한 조선에서는 근검함을 미덕으로 여겼기 때문에, 청기와 공사에 대해서는 신하들이 적극적으로 반대의견을 표시했다. 하지만 연산군과 광해군 두사람은 신하들의 반대를 물리치고 청기와를 고집했는데, 연산군은 사치와 향락에 빠져 궁궐의 모든 정전 건물들을 청기와로 덮고자 했으며, 광해군의 경우에는 임진왜란으로 무너진 왕실의 위엄을 되살리기 위해 궁궐건축에 집착하면서 청기와를 고집했는데, 그 부분의 실록기사를 잠시 살펴보자.

연산 11년(1505) 11월 6일
인정전과 선정전을 모두 청기와로 이도록 하다
전교하기를,
"인정전(仁政殿)과 선정전(宣政殿)은 모두 청기와로 이어야 한다. 사찰도 청기와를 이은 것이 많은데, 하물며 왕의 정전(正殿)이랴. 그러나 청기와를 갑자기 마련하기 어려우니 금년부터 해마다 구워 만들어 정전만은 으레 청기와로 이도록 하라." 하였다.

광해 12년(1620) 3월 21일
영건 도감이 재료 부족으로 청기와 제작 정지를 청하나 따르지 않다
영건 도감이 아뢰기를,
"본소(本所)가 청기와 굽는 일을 지금 막 시작했으나 저축되었던 염초가 떨어져서 청기와 만드는 일을 요즘 우선 정지하였습니다. 역관 최흘(崔屹)이 올려보낼 것과 본소에서 따로 준비하기를 기다린 뒤에 즉시 일을 시작하는 것이 마땅하겠습니다." 하니, 답하기를,
"청기와 만드는 일을 어떻게 정지할 수 있겠는가. 그대로 만들도록 하라. 그리고 이 기와는 구워내고 나면 바로 벗겨지고 떨어져 청색이 다 없어져 버리니, 앞으로 금계군(錦鷄君)과 더

선정전 천랑

불어 서로 의논하여 정밀하게 만들어서 청색이 벗겨지지 않게 하라." 하였다.

외관상 선정전의 두 번째 특징으로는 선정전 앞 마당에 천랑(穿廊)이 있다는 점이다. 천랑은 2개의 건축물을 중간에서 연결하는 복도로서, 눈비를 막기 위해 지붕을 얹은 것이다. 천랑은 우천시와 상관없이 편하게 이동할 수 있다는 장점은 있지만, 건물 앞의 마당을 넓게 활용하는 데는 지장을 주기 때문에 우리나라의 주거문화에서는 거의 설치하지 않는 편이다. 그럼에도 선정전에는 천랑이 설치되어 있는데, 대체로 궁궐에서 천랑이 설치된 건물은 국상이 발생되었을 때, 빈전(빈소)이나 혼전으로 사용된 예에 비춰보아, 선정전도 그런

목적에 부합하게끔 자주 용도변경이 되면서 주편전으로서의 활용도가 점점 떨어지다가, 조선 후기에는 내전 쪽에 있던 보조편전인 희정당을 주로 사용하게 되면서, 정작 주편전은 별로 활용되지 못하게 되었다.

중종 39년 12월 23일
우의정 윤인경 등이 산릉의 정자각과 혼전의 배설 등을 아뢰다
…(전략)… 답하였다. "정자각은 아뢴 대로 하라. 혼전은 선정전(宣政殿)에 배설하는 것이 좋겠다."

명종 즉위년 7월 18일
창덕궁의 선정전을 혼전으로 정하다

숙종 7년 10월 26일
인경 왕후의 상제를 행하다
나아가 망곡례(望哭禮)를 행하고 혼전(魂殿)을 향해 부복(俯伏)하여 곡하고 두 번 절하였다. 〔…뒤에 곧바로 선정전(宣政殿) 문 밖에 나아가서 곡하는 예를 마친 뒤에 천담복(淺淡服)으로 갈아입는다.〕

숙종 9년 12월 9일
대렴례를 행하다
빈전(殯殿)을 선정전(宣政殿)에 설치하고 영상(靈床)을 옮겨 봉안(奉

安)하니 … (후략)…

숙종 46년 4월 24일
임금의 병이 심해져 시약청을 설치하다
…(전략)… 반드시 선정전(宣政殿)으로 옮겨 빈소를 만들고, 혼전(魂殿)은 경녕전(敬寧殿)으로 옮기고,

경종 즉위년 6월 17일
빈전을 선정전으로 옮기지 말게 하다

고종 즉위년 12월 9일
혼전을 선정전에 차릴 것이라고 하다

순종 부록 19년 4월 26일
빈전과 혼전을 선정전으로 하고
초 명정 서사 처소는 희정당으로 하다

조선왕은 중국어 교습을 받았다
　선정전과 관련된 실록기사 중에서 주목을 끄는 부분이 있는데, 바로 임금이 중국어(한어) 강습을 받았다는 사실이다. 일단 관련 실록기사들을 살펴보자.

연산 4년(1498) 12월 10일

선정전에 나가 문신들의 한어와 이문을 강습받다

상(上)이 선정전(宣政殿)에 납시어 문신들의 한어(漢語)와 이문(吏文)을 강습받았다.

중종 38년(1543) 3월 10일

선정전에 나가 이문과 한어를 강하다

상(上)이 선정전에 나아가 이문(吏文)과 한어를 강(講)하였다. 문신과 세자가 입시하였다.

명종 8년(1553) 9월 10일

선정전에 나가 문신들에게 한어 이문을 강시하다

상이 선정전(宣政殿)에 나아가 문신(文臣)들에게 한어 이문(漢語吏文)을 강시(講試)하였다.

명종 16년(1561) 3월 10일

선정전에 나가 문신에게《역경》과 한어를 강하게 하다

상이 선정전에 나아가 문신에게 역경과 한어를 강하게 하고 또 이문제술(吏文製述)을 시험보였다.

아마도 조선은 사대주의를 표방했기 때문에, 대중국 외교에서 중국 사신을 접대할 일이 많아서 최소한의 중국어 공부는 필요했을 것으로 보인다. 그런데 중국어 교습과 함께 이문(吏文)도 빠지지 않았는데, 이문은 도대체 무엇일까?

 이문은 중국과 주고받는 외교문서 및 우리나라의 관청 공문서 등에 사용되던 독특한 한문 문체(文體)인데, 이두문이라고도 한다. 한문 표현에는 순수한 한문 이외에 중국의 속어(俗語) 또는 특수한 용어 등도 포함되는데, 문제는 이런 것들이 중국과의 공식 외교문서에서도 사용되었다는 것이다. 따라서 순수 한문만 통달해서는 이문(吏文)을 포함한 외교문서를 제대로 이해하지 못했다. 이에 고려시대부터 사역원(司譯院)에서 이문을 가르치기 시작하였고, 조선조에서도 사역원 또는 승문원에서 이문교육이 행해졌다.

사형수의 삼심제를 제도적으로 보장한 인권국, 조선
 한편 효종실록 등에는 선정전에서 삼복(三覆)을 했다는 기록이 많이 보인다.

> 효종 4년 12월 13일
> 선정전에 나아가 사형수를 삼복하다
> 상(上)이 선정전에 나아가 사형수를 삼복하였다.

> 효종 5년 12월 18일
> 선정전에 나아가 사형수들을 심복하고, 형벌을 신중히 하라 하다
> 상이 선정전에 나아가 중외의 사형수들을 또 복심(覆心)하였는데 곧 삼복(三覆)이다.

효종 6년 12월 27일
선정전에 나아가 중외의 사형수를 삼복하다
상이 선정전(宣政殿)에 나아가 중외의 사형수를 삼복(三覆)하였다.

효종 7년 12월 16일
사형수를 삼복하다
상이 선정전에 나아가 서울과 지방의 사형수를 삼복(三覆)하였다.

현종 8년 12월 13일
사형수들을 삼복하여 처리하다
상이 선정전(宣政殿)에 나아가 여러 신하들과 함께 사형수들을 삼복(三覆)하여 결옥(決獄)하였는데, 율대로 한 자가 9인이었고 사형을 감해 준 자가 5인이었다.

삼복은 죽을죄에 해당하는 죄인을 세 번 심리하던 일인데, 오늘날의 삼심제와 비슷한 것으로서 1차를 초복(初覆), 2차를 계복(啓覆), 3차를 삼복(三覆)이라고 일렀는데, 고려 문종 원년(1047)부터 실시하였던 제도다. 이는 경국대전에도 규정되어 있는 제도인데, 실록에 관련기사들이 꽤 많이 올라와 있는 것을 보면 삼복제도가 제대로 작동하고 있음을 알 수 있고, 따라서 조선이라는 나라가 어느 면에서는 동시대의 다른 나라들에 비해 인권부분이 뒤떨어지지 않음을 보여준다고 할 수 있겠다.

노론의 무덤, 신임사화

　1746년에 노론계열의 이조판서 박필주는 상소를 올려 신임사화의 시비를 분명하게 해 달라고 영조에게 요청을 했다.

> 영조 22년(1746) 5월 27일
> 이조판서가 상소하여 신임사화의
> 시비를 분명하게 밝힐 것을 아뢰다
> 이조판서 박필주가 상소했는데, 대략 이르기를,
> …(전략)… "신축년, 임인년 사이에 네 정승이 조태구의 무리와 함께 상공(上公)의 직질(職秩)에 있었는데, …(중략)… 하나는 충신이고 하나는 역적으로 각기 그 명분이 올바르게 될 것입니다." …(중략)…
> 이날 밤 임금이 선정전(宣政殿)에서 소견(召見)하고, 승지에게 명하여 어제문을 읽게 하였다. 하교하기를, …(중략)…
> "조용히 상의하여 지당한 데로 귀결시키도록 힘쓰겠다." 하였다.

　신임사화는 경종때인 신축년(1721), 임인년(1722) 두 해에 걸쳐 일어난 사건인데, 왕위계승 문제를 둘러싼 노론과 소론 사이의 당파싸움에서, 소론이 노론을 역모(逆謀)로 몰아 노론을 몰아내고 소론이 실권을 잡은 사건이다. 그런데 신임사화(辛壬士禍)라는 표현에서 '사화'는 사림이 화를 입었다는 뜻인데, 이 화를 입은 대상은 노론에 불과했기 때문에, 노론측의 입장만이 반영된 용어라고 할 수 있어서 공정성에 어긋나기 때문에, 신임옥사(辛壬獄事)라고도 한다. 박필주는 신임사화에서 피해를 본 노론계열이기에 신임사화를 재심하여 노론의 명예회복을 꾀했던 것이다.

신임사화를 제대로 파악하려면 조선의 붕당정치와 당쟁의 역사를 거시적인 안목에서 체계적으로 이해해야만 한다. 지금부터 간단 명료하면서도 체계적으로 정리한 조선당쟁사를 알아보자.

급진파 신진사대부 vs 온건파 신진사대부

원래 조선의 건국주체 세력은 고려말 당시의 집권세력이었던 권문세족에 대항하여 정치일선에서 새롭게 부상한 신진사대부였다. 그러나 신진사대부는 고려왕조 자체를 타도해야 한다는 급진파와, 고려왕조 자체는 존속시키면서 내부개혁을 하자는 온건파로 나뉘는데, 급진파의 대표자는 정도전, 온건파의 대표자는 정몽주였다. 결국 급진파가 태조 이성계와 손을 잡고 온건파를 패퇴시키면서 역성혁명에 성공하여 조선왕조를 열었다.

이들 급진파 신진사대부들은 여러 차례의 추가적인 정변(왕자의난, 계유정난, 중종반정 등)을 거치는 동안, 공신집단과 왕실외척인 척신세력이 서로 합쳐지면서 '훈구파'라는 집단을 형성하였는데, 이들도 시간이 흐름에 따라 차츰차츰 고려의 문벌귀족처럼 부패하기 시작했다. 한편 온건파 사대부들은 새 왕조에는 참여하지 않은 채, 자신들의 토지로 귀향한 뒤, 중소지주라는 자신의 지위를 이용하여 향촌사회를 장악하였다.

훈구파 vs 사림파

　훈구파의 부작용이 너무 심해지자, 조선 제9대 성종은 훈구파의 과도한 권력남용과 부패를 견제하기 위해, 의도적으로 사림파를 정계에 기용하기 시작했고, 주로 언론기관에 배치함으로써 훈구파를 비롯한 관료사회 전반에 대한 사정 및 탄핵활동을 담당케 했다. 그러나 훈구파는 사림파의 견제에 그냥 앉아서 당하지만 않고, 본격적인 반격을 가하기 시작했으니 무오사화, 갑자사화, 기묘사화, 을사사화로 대표되는 4대사화가 대표적인 사례다. 사화(士禍)는 사림들이 화를 입었다는 뜻이다.

　그러나 사림파는 각종 사화를 통해 극심한 타격을 입었음에도 불구하고, 드디어 제14대 선조때에 이르러서는 훈구파를 정계에서 축출한 뒤 정권을 장악했다. 그러나 권력의 속성은 합필분 분필합(合必分 分必合) 즉 '합치면 갈라지고, 갈라지면 또 합친다'라고 하지 않았던가! 사림파도 내부 갈등으로 선조때 '동인'과 '서인'으로 갈라진다.

동인 vs 서인

　동서분당의 계기는 '이조정랑(정5품, 당하참상관)직을 누가 차지하는가'에서 비롯되었다. 원래 관리임용 권한은 이조에 속해 있었기 때문에, 사실상 법적으로는 이조판서가 삼정승보다 더 큰 권한을 가지고 있었다. 그래서 조선은 막강한 이조판서의 전횡을 막기 위해, 주요 언론기관인 삼사(사헌부, 사간원, 홍문관) 관리의 추천권은 이조의 하급 실무 책임자인 이조정랑에게 전권을 주었다.

　또한 이조정랑의 독립적인 지위보장을 위해서 이조정랑직 자체에 대한 인사권도 이조판서가 아닌, 전임 이조정랑에게 후임 추천권을 주었으니 그것을 전랑자천제(銓郎自薦制)라고 불렀다. 전랑은 이조와 병조의 정랑(정5품)과 좌랑(정6품)을 일컫는다. 이런 전랑 자리는 비록 품계는 하급실무 책임자에 불과했지만, 재임 중 특별한 사고가 없으면 대부분 대신으로 승진했기 때문에, 출세보장 및 명예와 이익이 함께 주어지는 자리여서 치열한 경쟁이 벌어졌다.

1574년(선조7) 전임 이조전랑 오건이 퇴임하면서 후임으로 김효원을 추천했는데, 그 이유는 젊은 사대부 중에서 명망이 높았기 때문이었다. 그러자 심의겸이 반대하고 나섰는데, 김효원은 한때 윤원형과 친한 사이였다는 이유를 들었다. 윤원형은 악명 높은 문정왕후의 동생이자 부정부패의 대명사로 거론되었는데, 특히 을사사화 때는 사림을 학살한 자로서, 사대부의 증오의 대상이었기 때문에 이 주장은 매우 설득력을 얻었다.

그럼 명망 높은 김효원은 왜 윤원형과 친한 사이가 되었을까? 김효원은 윤원형의 사위인 이조민과 아주 친한 사이였는데, 이조민은 당시 처가살이를 하고 있었다. 따라서 이조민을 자주 만나러 가는 김효원은 윤원형의 집을 찾는 것으로 비춰졌기 때문에, 김효원의 행동은 사려깊지 못한 것이라는 평가를 받는다. 아무튼 심의겸의 반대에도 불구하고, 김효원은 이조 정랑으로 임명되었다.

선조 7년(1574) 8월 3일
김첨경, 윤현, 김효원, 허세린 등에게 관직을 제수하다
김첨경(金添慶)을 좌부승지로, 윤현(尹睍)을 정언으로, <u>김효원(金孝</u>

元)을 이조 정랑으로, 허세린(許世麟)을 부총관으로 삼았다.

한편 김효원의 임기가 끝날 때쯤, 후임으로 심의겸의 동생인 심충겸이 거론되었다. 그러나 김효원은 심의겸에 대한 개인적인 감정때문에 심충겸을 반대했는데, 그의 논리는 외척에게 이조정랑 자리를 줄 수 없다는 것이었다. 사실 심씨 형제는 명종의 왕비였던 인순왕후 심씨의 동생들이기 때문에 외척인 것은 사실이다. 그러나 심씨 형제는 과거에 급제하여 등용되었기 때문에 일반적인 척신과는 성격이 다를 뿐만 아니라, 심의겸은 명종이 윤원형을 견제하기 위해 등용했던 이량(심의겸 자신의 외삼촌)이 윤원형 못지 않은 전횡을 일삼자, 사림전체를 보호하기 위해 이량을 귀양보낼 정도로 기개가 높은 사람이었다.

이때부터 사대부들은 김효원을 지지하는 파와 심의겸을 지지하는 파로 나뉘었는데, 을사사화 때 윤원형으로부터 직접적인 피해를 입은 노장 사대부들은 심의겸을 지지했고, 상대적으로 젊었기 때문에 윤원형과는 직접적인 원한관계가 없었던 소장 사대부들은 김효원을 지지했다. 그런데 김효원의 집은 서울 동쪽 건천동에 있었고, 심의겸의 집은 서울 서쪽 정릉방에 있었기 때문에, 그들을 지지하는 분파의 이름이 각각 동인과 서인으로 불리게 되었다. 동인은 주로 퇴계 이황 계열의 영남학파 위주였고, 서인은 율곡 이이 계열의 기호학파 위주였다.

동인의 집권과 정여립의 난

서로 대립하던 동인과 서인 중, 먼저 주도권을 잡은 것은 동인이었다. 율곡 이이는 서인의 영수였는데, 이이가 죽자 동인의 공격을 효과적으로 막아줄 인물이 부재함에 따라 세력의 판도는 동인쪽으로 흘러갔고, 동인이 조정의 실권을 장악하게 되었다. 그러다보니 원래는 서인이었다가 동인으로 당적을 바꾸는 철새와 같은 인물도 나왔는데, 대표적인 인물이 정여립이었다. 그는 다른 동인 인사들보다 더 심하게 한때 친정이었던 서인에 대한 공격을 감행했다.

그런데 1589년 정여립의 난이 일어났다. 그동안 정여립은 동인의 실세로 성장했는데, 대동계를 조직하여 군사훈련까지 할 정도로 주변의 비난에 연연해 하지 않았고, 행동에는 거침이 없었다. 한때 왜구가 전라도에 침범했을 때는 전주부윤의 요청으로 대동계를 동원해서 관군과 함께 왜구를 격퇴하기도 했다.

이때 서인으로부터 정여립에 대한 반란을 고변하는 사건이 벌어졌고, 선조는 진상조사를 명했다. 이는 정여립의 평소 신중하지 못한 행실이 원인이 된 것에 아울러, 정씨(鄭氏) 성의 진인(眞人)이 출현하여 이씨 왕조가 멸망하고 새로운 세계가 도래할 것을 중심으로 하는 예언서 정감록(鄭鑑錄)의 영향도 있었다. 진상조사차 의금부에서 관원이 급파되자, 의외로 정여립은 아들과 함께 죽도로 도망한 후 자살해 버렸다. 자살은 곧 스스로 반란혐의를 인정한 꼴이어서 정여립의 난으로 인해 동인은 실각하고 서인이 집권하게 되었다.

선조 22년(1589) 10월 17일
선전관 등이 정여립이 숨은 죽도를 포위하자 정여립이 자결하다
선전관 이용준, 내관 김양보 등이 정여립을 수토(搜討)하기 위

하여 급히 전주에 내려갔다가, 정여립이 그 아들 옥남 및 같은 무리 두 사람이 진안 죽도에 숨어 있다는 말을 듣고 군관들을 동원시켜 포위 체포하려 하자, 정여립이 손수 그 무리 변사(邊泗)를 죽이고 아들을 찔렀으나 죽지 않자 <u>스스로 목을 찔러 자살하므로</u>, 그 아들 옥남만을 잡아 왔다.

동인의 계략에 의한 정철의 몰락

서인이 집권하자 이번에는 서인의 실세였던 정철이 나서서 정여립의 난을 빌미로 동인세력에 대한 대대적인 숙청을 벌였다. 무려 1,000여명의 피해자가 속출한 이 사건을 기축옥사(己丑獄事)라고 한다. 동인 중에서도 기축옥사 때 더 심한 피해를 본 지역은 정여립의 본거지(전주)와 가까운 지리산 일원의 호남과 일부 서부영남권이었는데, 이들은 퇴계 이황을 따르는 동부영남권에 비해, 남명 조식을 따르는 학풍을 지니고 있었다. 때문에 동인은 정철에 대해 복수의 칼을 갈기 시작했다.

1591년 동인 출신 영의정 이산해는 세자건저(세자를 세움) 문제를 정략적으로 이용했다. 당시 선조는 정비로부터는 후사가 없었기 때문에, 후궁 소생의 왕자들 중에서 세자를 뽑아야 하는 상황이었다. 대부분의 신하들은 공빈 김씨의 둘째 아들인 광해군을 지지하고 있었고, 광해군은 그에 걸맞는 자질을 갖추고 있었다. 하지만 선조는 당시 인빈 김씨에게 빠져 있을 때여서, 인빈의 둘째 아들인 신성군을 마음에 두고 있었다.

하지만 당파를 초월하자는 중신들의 회의에서 만장일치로 광해군을 세자로 건저하기로 정하고 난 뒤, 삼정승(영의정 이산해, 좌의정 정철, 우의정 유성룡)은 세자건저 문제를 건의하러 선조에게 가기로 했다. 그러나 이산해는 병을 핑계로 그 자리를 두 번씩이나 일부러 피했다. 정철은 어차피 중신들이 만장일치로 정한 일이어서 이산해 없이도 선조에게 세자건저 문제를 이야기 했으나, 신성군이 아닌 광해군이 거론되자 선조는 기분이 무척 상했다. 이때 정철을 비롯한 서인들만 이야기를 할 뿐, 동인들은 사전 약속대로 모두 입을 다물고 있었다. 이에 선조는 자신이 아직 나이가 40도 되지 않았는데[우리 나이로는 40이 넘었지만 만나이로는 안되었다] 벌써 세자를 거론하냐며 화를 냈고, 동인 인사들은 이를 이용해 임금을 가볍게 여긴 죄로 정철을 탄핵했다. 이로써 서인은 실각하고 다시 동인이 집권하게 되었다.

이즈음 조선통신사로서 일본에 다녀온 정사는 서인 황윤길이었고, 부사는 동인 김성일이었는데, 정사 황윤길은 정확한 정세파악으로 전쟁대비를 요청했으나, 부사 김성일은 서인의 정국진단이 맞았다는 것에 동의하기 싫어서 반대했다. 이때 집권세력이 동인이었기 때문에, 조선은 무방비 상태로 있다가 임진왜란이라는 조선왕조 최대의 재앙을 겪게 된다.

선조 25년(1592) 5월 3일
도승지 이충원 등을 가자하고 적의 형세, 민심의 동향 등을 묻다
상(上)이 이르기를,
"황윤길(黃允吉)은 평의지(平義智)가 간사하여 염려된다고 하였고, 김성일은 족히 염려할 것이 없다고 하였는데, 수길(秀吉)이

중국을 병탄할 수 있다고 보는가?"

정철의 치죄 문제로 갈라지는 북인과 남인으로 갈라지는 동인

한편 동인 내부에서는 정철의 처벌수위를 놓고 강경파와 온건파가 대립했는데, 강경파는 정철의 사형을 주장했고, 온건파는 사형까지는 너무한 처사라고 맞섰다. 이후 동인은 강경파를 중심으로 하는 북인과 온건파를 중심으로 하는 남인으로 갈렸는데, 강경파의 대표인 이산해는 온건파의 대표인 유성룡에 비해 집이 북쪽에 있었기 때문에 북인으로 불렸고, 유성룡은 집이 남쪽일 뿐만 아니라 영남출신이었기 때문에 남인으로 불렸다. 강경파(북인)가 정철을 사형까지 몰아간 것은 정철 주도의 기축옥사 당시 가장 많은 피해를 본 지역출신이기 때문이었다.

임진왜란과 같은 전란 중에는 역시 강경파가 득세하기 마련이다. 그래서 광해군은 북인들의 지지로 왕위에 오를 수 있었다. 사실 광해군의 즉위는 순탄치 않았다. 선조는 말년에 정비로부터 그토록 기다리던 영창대군을 얻었다. 따라서 선조는 어떻게든 광해군을 폐하고 영창대군을 세자자리에 앉히려 했으나, 갓 태어난 아이를 세자자리에 올리는 작업이 쉽게 진행될 리가 없었다. 그러다가 선조는 2살짜리 영창대군을 남기고 덜컥 죽고 말았다.

광해군의 입장에서는 즉위과정이 피를 말리는 과정이었다. 자칫 선조가 몇 년만 더 살았더라면, 광해군은 폐위되고, 영창대군이 세자에 오를 수도 있었다. 당쟁이 격한 정국에서 세자자리에서 밀려난다는 것은 곧 죽음을 의미했기 때문이다. 따라서 광해군의 즉위는 곧 영창대군 지지파의 피바람을 예고하는 것이었다.

즉위를 도운 대북파(북인 중에서도 더 강경한 광해군 지지파)는 정권안정을 위해 반대파를 숙청할 것을 끊임없이 광해군에게 요구했다. 여기에 1613년(광해 5) 명망 있는 대가집 서자 일곱명이 영창대군을 추대하려 했다는, 이른바 '칠서의 옥' 사건이 터진다. 이는 대북정권의 조작혐의가 짙었지만, 이 사건을 빌미로 대북파는 영창대군을 죽이고, 아울러 인목대비까지 폐하자고 주장했고, 이때 소북과 남인 그리고 서인은 모두 인륜을 내세워 폐모에 반대했지만, 대북파는 그것을 관철시켰다.

광해 10년(1618) 1월 28일
서궁으로만 칭하고 대비의 호칭은
없애되 폐(廢)자를 거론치 말도록 하다
지금 이후로는 단지 서궁이라고만 칭하고 대비(大妃)의 호칭은 없애도록 하라. 그리고 다시는 폐(廢)라는 글자를 거론하지 말아 사은(私恩)과 의리 모두가 온전하게 되도록 하라.

인조반정으로 흔적도 없이 사라진 북인

그 뒤로 그 유명한 인조반정이 일어나서 광해군이 축출되고, 남인의 도움을 받은 서인정권이 수립되었다. 인조는 광해군에게 이를 갈고 있었기 때문에 북인을 철저히 응징했다. 보통의 경우 핵심층만 극형에 처하고 나머지는 권력에서 쫓아내는 정도로 마무리 되었지만, 북인의 경우는 학맥을 이어갈 모든 사람들이 사라지는 통에, 이후 우리 역사에서 완전히 자취를 감추게 된다.

　따라서 이후의 정국은 서인과 남인이 양당체제를 형성하면서 정국을 주도하게 되는데, 주류는 서인, 비주류는 남인이었다. 반정을 통해 어렵게 정권을 되찾아 온 서인의 입장에서는 지금까지의 정권 교체 과정을 돌이켜보건데, 장기집권을 보장받을 수 있는 특별한 방법이 없었던 것에 착안하여 새로운 전략을 만들어 냈으니, 그것은 바로 왕비는 무조건 서인 집안 출신으로 한다는 국혼물실(國婚勿失, 국가의 혼례는 잃어버릴 수 없다) 전략이었다. 왕비가 자당 소속이면 잠시 권력을 놓치더라도 언제든 회복할 가능성이 높았기 때문이었다. 그런 이유때문에 남인과 북인으로 금방 쪼개진 동인과는 달리, 서인은 하나의 집단을 유지한 채 꽤 오랜 세월을 집권당으로서 권력을 유지할 수 있었다.

인조 1년(1623) 4월 11일
조강에 『논어』를 강하며 붕당의 폐단 등에 대해 논하다
…(전략)… 상(上)이 이르기를,
"군자와 소인의 구별은 과연 거기에 있다 하겠다. 그러나 내가 명철하지 못해서 분명히 알지 못할까 두렵다." 하였다. 창연이 아뢰기를,
"동인(東人)과 서인(西人)이 처음 갈라질 때만 해도 그다지 심각하지는 않았습니다. 그런데 그 뒤 점차 틈이 벌어져 동인 가운데에서 상대적으로 온건한 자들이 남인(南人)이 되고, 과격한 자들이 북인(北人)이 되었으며, 북인 가운데에서 온건한 자들이

소북(小北), 중간에 속한 자들이 중북(中北)이 되었습니다. 대북(大北)의 무리는 모두 적당(賊黨)입니다. …(후략)…"

노론과 소론으로 쪼개지는 서인

그러다가 주류인 서인마저 두 파로 쪼개지는 일이 있었으니, 스승과 제자 사이였던 송시열과 윤증이 서로 대립하면서부터다. 스승인 송시열을 지지하는 파는 노론이라 했고, 제자인 윤증을 지지하는 파는 소론이라 했다. 원래 송시열과 윤증의 아버지 윤선거는 친구사이였다. 그런데 송시열이 남인의 영수 윤휴와 싸울 때, 윤선거는 윤휴를 옹호하는 발언을 하여 송시열과 거북한 사이가 되었다. 그러던 중 윤선거가 사망하자, 윤증은 자신의 스승이기도 했고 나라안에서 학문적으로는 가장 큰 유학자라는 명성의 송시열에게 비문을 부탁했는데, 송시열은 차일피일 미루다가 성의없는 비문을 써 주었다. 이에 윤증은 송시열에게 개인적으로 나쁜 감정을 가지게 되었다.

그러던 중 윤증은 송시열이 강경한 대(對)남인 정책을 펼치자, 그에 반대하는 신유의서(辛酉擬書)를 발표했는데, 서인 내부에서는 그를 두고 스승을 배반했다는 시비가 붙었다. 이 시비는 송시열이 살던 회덕(懷德)과 윤증이 살던 이산(尼山)의 첫 글자를 따서 '회니논쟁(懷尼論爭)'이라고도 한다.

숙종 10년(1684) 4월 29일
사옹 직장 최신이 윤증이 송시열을 헐뜯었음을 상소하다
…(전략)… 대개 함장이라 한 것은 송시열을 가리켜 말한 것입

니다. 죽은 유신(儒臣) 윤선거(尹宣擧)는 곧 윤증의 아비인데, 전에 송시열과 벗하였고, 윤증은 송시열에게 젊어서부터 배웠으므로 선생이라 칭하며 스승으로 섬긴 것이 수십 년인데, 하루아침에 잃은 것처럼 버리고 더러운 것처럼 꾸짖으니, 아! 험악합니다. …(후략)…

  이 논쟁에 대해 숙종은 처음에는 아버지가 중(重)하고 스승이 경(輕)하다는 논리를 내세워, 소론 측에 동조하는 모양새를 보였다. 그러자 국왕의 지지에 힘입어 소론은 노론에 대해 대대적인 정치공세를 펼쳤다. 하지만 숙종은 나중에 윤증에게도 허물이 있다면서, 최종 판정은 노론의 손을 들어주었다. 따라서 국왕의 뒤집기 최종판정으로 인해 소론은 학문적으로나 정치적으로 이념과 명분에서 심각한 타격을 입고 정국에서 위축된 반면, 노론은 숙종의 인정과 지원을 받아 정국 주도권을 독점하게 되었는데, 이를 '병신처분(丙申處分)'이라 한다.
  '병신처분'으로 소론을 누르고 권력을 장악한 노론은 숙종과 결탁하여, 남인의 지지를 받던 장희빈이 낳은 세자(경종)를 폐출하고 연잉군, 즉 훗날의 영조를 세자로 세우려 하였다. 이 과정에서 노론의 핵심인물인 이이명은 사관도 배석하지 않은 자리에서 숙종과 밀담을 나누었는데, 이것을 이이명의 정유독대라 한다. 이때 나온 계책으로는 세자를 폐출할 명분이 필요했기 때문에 세자에게 대리청정을 맡기고, 대리청정에서 실수를 하게 되면 그것을 빌미로 세자를 쫓아낸 다음, 연잉군을 세자로 옹립한다는 것이었다.

숙종 43년(1717) 7월 19일
대신 독대시 승지와 사관이 입시하다

미시(未時)에 임금이 다시 희정당으로 나가서 좌의정 이이명에게 다시 입시하라고 명하였다. 이에 이이명이 승지 남도규, 가주서 이의천, 기주관 김홍적, 기사관 권적과 함께 합문 밖으로 나아갔다. 조금 있다가 사알(司謁)이 와서 임금의 분부를 전하면서 이이명 혼자만 입시하라고 명하였다. 이이명이 창황하게 명을 받들 즈음에 남도규를 돌아보면서 말하기를,
"일이 상규(常規)와 다르니 승지와 사관은 들어가지 않을 수 없다. 모름지기 나와 함께 들어가는 것이 옳겠다." 하고, 이에 즉시 빨리 걸어서 들어갔다. 권적이 말하기를,
"성교(聖敎)가 비록 이와 같지만 우리들이 물러가 있을 수가 없다.. 죄벌을 받더라도 함께 들어가는 것이 마땅하다." 하고, 드디어 일어나 뒤를 따랐다. 그러나 남도규가 몇 걸음 걸어가다가 권적을 돌아보며 말하기를,
"성교(聖敎)에 이미 대신 혼자만 들어오게 하였는데 우리들이 먼저 품부(稟復)하지도 않고 마음 내키는 대로 바로 행하는 것이 사체(事體)에 어떠할지 모르겠다." 하고, 인하여 물러나오려 하였다. …(중략)…
이리하여 승전색에게 청하여 승지와 사관이 지금 바야흐로 바로 들어가려 한다는 내용으로 은밀히 품(稟)하게 하였으나 임금이 답하지 않았다. …(중략)… 이때 이이명(李頤命)은 이미 물러나와 자기의 자리에 부복하고 있었기 때문에 이날 임금 앞

에서 있었던 이야기는 드디어 전하지 못하게 되었다. 임금이 이어 여러 신하들에게 밖으로 나가라고 명하고 나서 시임(時任), 원임(原任) 대신만 부르게 하였다.

신축옥사(辛丑獄事, 신축환국)

그러나 경종은 대리청정 기간동안 쫓겨날 정도의 큰 실수를 전혀 범하지 않았고, 설상가상으로 숙종이 급격히 병약해지더니 대리청정 4년만에 승하하고 말았다. 따라서 경종은 자연스럽게 조선의 제20대 국왕으로 즉위하게 되었는데, 문제는 정권이 여소야대라는 것이었다. 즉 장희빈과 경종을 지지하던 남인들은 갑술환국으로 몰락한 상태였고, 경종의 또다른 적극적 지지층인 소론마저 병신처분 때문에 정권에서 밀려난 상태였다. 때문에 노론은 자신들의 세력만 믿고 경종 즉위 초부터 강공으로 나왔다. 새로 즉위한 국왕의 생모인 장희빈을 추숭하자는 유생을 처형하게 하고, 장희빈의 죄를 명백히 저술하라면서 사실상 왕을 모욕한 사관 윤지술을 경종이 유배보내려고 하자, 경종을 압박하여 석방케 했다. 왕을 완전히 허수아비로 만든 것이다.

이들은 거기서 멈추지 않았다. 이제 즉위한 지 1년밖에 되지 않은 젊은 국왕에게 후사가 없으니, 이복동생인 연잉군을 세제로 책봉하라고 요구했다. 다른 말로 바꿔 말하면 1년 밖에 안된 새 국왕에게 물러날 준비를 하라는 청천벽력같은 소리였다. 이런 어마어마한 주장을 백주 대낮에 정상적으로 할 리는 없었다. 노론은 소론측의 반발을 의식해서 한밤중에 노론들끼리만 입궐했고, 사실상 경종을 협박해서 결국 세제 책봉을 관철시켰다. 심지어 절차상의 문제를 지적한 소론 유봉휘를 탄핵한 뒤 유배보내서, 그곳에서 죽게 했다.

여기까지만 하고 멈췄으면 그나마 다행이었는데, 한발 더 나아가 사헌부 집의(執義) 조성복은 경종에게 세제의 대리청정을 시키라고 요구까지 한 것이다. 즉 왕에게 물러날 준비 정도가 아니라 아예 대놓고 물러나라고 한 것이다. 보통의 경우였으면 바로 역모죄로 처형을 해도 전혀 이상할 것이 없는 상황이었지만, 어찌된 셈인지 경종은 곧바로 윤허해 버렸다. 상황이 이렇게 되자 소론이 벌떼 같이 일어나는 것은 너무나도 당연한 일이었고, 노론 역시 대의명분도 없이 사헌부의 관리 하나가 오버행동을 한 것에 기겁을 하며 대리청정의 명을 거두어 달라고 청했다. 이에 경종은 대리청정을 거두었다.

경종 1년(1721) 12월 6일
조성복과 그 무리들을 벌할 것을 청하는 박필몽,
이진유, 이명의 등의 상소
아! <u>대리청정(代理聽政)의 일은 대(代)마다 항상 있는 것이 아니고 간혹 있으며, 모두 수십 년을 임어(臨御)하여 춘추가 많고 병이 중한 뒤에 진실로 절박하고 부득이한 데서 나온 것입니다. 지금 전하께서는 즉위하신 원년에 보산(寶算)이 바야흐로 한창이시고 또 드러난 병환이 없으십니다.</u> 조정에 있는 신하들이 전하를 복종해 섬긴 세월이 얼마나 됩니까? 그런데 도리어 <u>오늘날 차마 전하를 버리려는 자가 있으니</u>, 저들의 마음이 편한지를 알지 못하겠습니다. 중외의 여정(輿情)이 물결처럼 흔들려 놀라고 솥에 물이 끓어오르는 듯하여, <u>모두 저 정승을</u>

가리켜 말하기를, "이는 참 역(逆)이다. 어찌 우리 임금을 버리는가?"라고 하고 있습니다.

소론은 이때를 놓치지 않고 대대적인 정치공세를 폈는데, 노론도 질 수 없다면서 이판사판으로 맞섰다. 그런데 이때 경종은 다시 대리청정의 명을 내렸다. 한번이면 몰라도 두 번씩이나 경종이 대리청정의 명을 내렸으니, 노론은 이것을 못이기는 척 받아들이는 것으로 상황을 마무리하려 했다. 게다가 승정원을 장악한 노론은 경종에게 가는 노론 이외의 상소를 철저히 차단했고, 노론 이외 대신들의 알현도 원천봉쇄해 버렸다. 왕을 외부로부터 완전히 고립시킴으로써 자신들의 기득권을 지킬 수 있다고 판단했기 때문이었다. 하지만 경종이 세자시절부터 손발이 되었던 내관들이 소론의 우의정 조태구와 경종의 알현을 성사시킴으로 해서, 경종은 소론과 제대로 된 소통을 할 수 있게 되었다.

일이 이렇게 되자 노론의 핵심인 4대신 및 노론계 중신들은 한밤 중에 입궐하여 변명을 늘어놓기에 여념이 없었고, 오히려 우의정 조태구가 왕을 알현하는 절차를 문제삼았다. 그때 경종은 지금까지의 애매모호한 태도를 갑자기 확 바꾸더니, 마음 속에 갈아놓았던 칼을 꺼내들었다.

경종 1년(1721) 10월 19일
사헌부에서 마음대로 궁으로 들어온 조태구,
김연 등과 이와 결탁한 내관을 벌할 것을 청하다

사헌부에서 앞서의 계사(啓辭)를 거듭 아뢰고, 또 말하기를,
"조태구(趙泰耉)가 몰래 진현(進見. 알현)을 도모한 것은 바로 밤에 북문(北門)을 열고 들어간 수단이었는데, …(중략)… 기타 호응하여 돌입(突入)한 여러 사람을 일체 함께 삭출(削黜)하소서." 하였으나, 임금이 따르지 아니하였다. 또 교리(校理) 이중협(李重協)이 또한 차자(箚子)를 올리기를,
"환시(宦寺)와 결탁하여 안팎으로 교통(交通)하고 명령이 승정원을 경유하지 아니함은 바로 망국(亡國)의 조짐입니다. …(중략)…" 하였으나, 임금이 답하기를,
"결탁이니 교통이니 하는 따위의 말은 자못 심히 무엄하다. 다시 번거롭게 하지 말라." 하였다.

'자못 심히 무엄하다'는 경종의 한마디에 노론은 벌벌 기었고, 드디어 소론의 세상이 왔다. 결과적으로 승지와 삼사는 모두 삭탈관직 되었고, 노론 정승들이 물러나서 유배형에 처해지고, 삼정승에 모두 소론이 기용되었다. 이 사건이 신임사화의 앞부분인 신축옥사(辛丑獄)이다.

임인옥사(壬寅獄事. 삼수의 옥)

신축옥사가 있고 난 이듬해, 소론의 강경파 김일경의 사주로 지관이었던 목호룡이 경종시해 음모사건을 고변하는 사태가 발생했는데, 이것이 임인옥사다. 고변내용에는 노론의 유력 자제들이 경종시해를 계획했는데, 그 수단을 칼, 독약, 폐출(반정)의 3가지 방법을 썼다는 점에서 삼수의 옥 혹은 삼급수(三急手)라고 한다. 이 고변에 연루

된 노론 유력 자제들은 노론 4대신을 포함하여 노론의 중신들과 모두 연루되어 있었고, 이에 소론은 강경파인 김일경의 주도하에 경종 말년까지 노론의 박멸에 나서게 되었다.

경종 2년(1722) 3월 27일
목호룡이 상변하여 정인중, 김용택 등의 역모를 고하다
목호룡(睦虎龍)이란 자가 상변(上變)하여 고(告)하기를,
"역적(逆賊)으로서 성상(聖上)을 시해(弑害)하려는 자가 있어 혹은 칼이나 독약(毒藥)으로 한다고 하며, 또 폐출(廢黜)을 모의한다고 하니, 나라가 생긴 이래 없었던 역적입니다. 청컨대 급히 역적을 토벌하여 종사(宗社)를 안정시키소서." …(후략)…

이 사건을 계기로 신축옥사로 유배중이던 노론4대신은 모두 사사되었고, 사형 20여명, 고문으로 죽은 이가 30여명, 교살된 자가 10여명, 유배된 자가 100여명이 넘었다. 사실 이 임인옥사에는 세제였던 연잉군까지 연루가 되었다. 따라서 마음만 먹었다면 경종은 충분히 연잉군을 죽일 수도 있었는데, 그러지 않았다. 비록 이복동생이라해도 연잉군을 아꼈던 것이다.

그런데 경종은 불과 재위 4년만에 급작스레 승하하고, 구사일생으로 살아난 연잉군이 즉위하니, 그가 바로 조선 제21대 영조임금이다. 노론이 지지한 영조가 등극했으니 다시 정국은 노론 우위로 재편되었지만, 아버지 숙종과 형 경종이 사용했던 환국정치의 폐단을 알고 있던 영조는 최후의 환국인 정미환국을 끝으로 해서 탕평책을 추진해 나갔다.

희정당

암행어사 박문수의 전설이 탄생하다

희정당은 원래 내전이 아니라 보조편전이었다

보물 제815호인 희정당(熙政堂 / 熙: 빛날 희, 政: 정사 정, 堂: 집 당)은 정면 11칸, 측면 5칸의 단층으로 된 익공계 팔작지붕 건물이다. 정사 정(政)자가 들어간 희정당이란 이름에서도 알 수 있듯이 원래 정치를 하는 치조영역에 속하는 건물이며, 주편전인 선정전의 바로 옆에 있기 때문에 보조편전임을 쉽게 유추할 수 있다.

희정당은 바로 옆의 인정전이나 선정전과 비교했을 때, 건물의 중심축선이 평행이 아니라 약간 비스듬하게 놓여 있고, 뿐만 아니

희정당

라 침전으로 쓰는 대조전과 중심축이 일치하면서 대조전의 바로 앞에 놓여 있기 때문에 마치 내전 지역의 건물로 이해하기 쉬우나, 이는 창덕궁이 전체적으로 지형지물에 따라 건물을 배치한 것 때문에 그렇게 보이는 것뿐이다. 동궐이라 불리는 창덕궁의 반대편에 있어서 서궐이라 불리는 경희궁도 지형지물에 순응해서 건축된 궁궐인데, 서궐도안(西闕圖案, 보물 제1534호)에 나오는 경희궁의 보조편전 '홍정당'도 경희궁의 대전(융복전)과 중궁전(회상전) 바로 앞쪽에 놓여 있다.

다만 일제강점기였던 1917년 대화재로 창덕궁의 내전 전부가 불탔을 때, 일제는 어이없게도 경복궁의 내전 일대를 몽땅 뜯어다가 창덕궁을 복구하는데 사용했다. 그런데 더욱 어처구니가 없는 것은 경복궁의 대전(강녕전)을 뜯어다가 창덕궁의 보조편전(희정당)을 복구했

창덕궁 실록으로 읽다
치조 일원

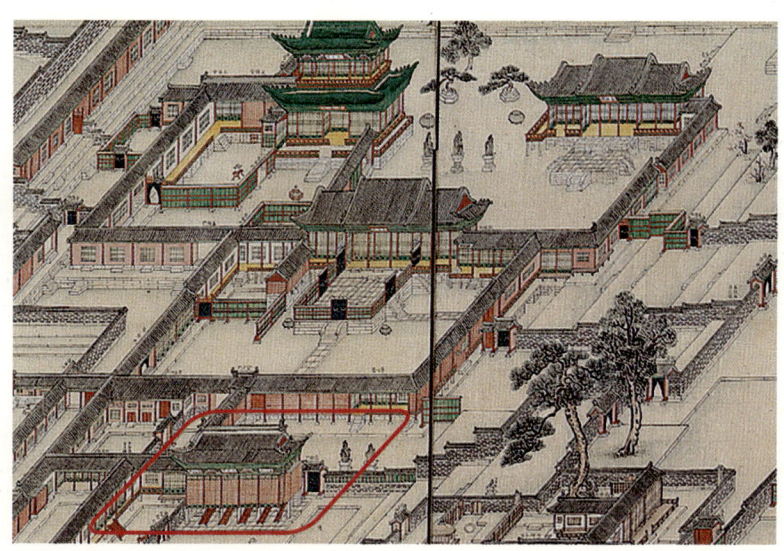

동궐도 희정당 부분 [동아대학교박물관]

고, 경복궁의 중궁전(교태전)을 뜯어다가 창덕궁의 대전(대조전)을 복구해 버린 것[p208]이다. 이런 이유로 희정당의 지붕 합각면[좌우 측면의 세모꼴 벽면]에는 '강, 녕'[p211]이라는 두 글자가 한자로 뚜렷이 새겨져 있으며, 게다가 자동차의 진입을 위해 남쪽 입구에 서구형의 돌출형 입구가 설치[p210]되는 등 건물의 구조가 많이 변경되었다.

따라서 지금의 희정당을 두고 대전이냐 보조편전이냐를 헷갈리는 웃지 못할 사태가 지속되고 있다. 만약 희정당이 대전이면, 뒤의 대조전은 자연스럽게 중궁전이 되지만, 희정당이 보조편전이면, 대조전은 세가지 경우의 수로 나눠질 수 있다. 첫째는 대전이며, 둘째는 중궁전이며[그럼 대전은 어디에?], 셋째는 대전과 중궁전이 합쳐진 것이다. 이런 묘한 상황은 앞서 말했듯이 일제에 의해 원칙없이 전각이

강녕전(경복궁 대전)

교태전(경복궁 중궁전)

창덕궁 실록으로 읽다
치조 일원

희정당(창덕궁 보조편전)

대조전(창덕궁 대전)

희정당 남쪽행각 자동차 진입로

복구되었기 때문이다.

   사실 이런 논란은 19세기 전반부에 그려진 동궐도(東闕圖, 국보 제249호)를 참고하면 상황은 깨끗하게 정리된다. 희정당 뒤쪽으로 당당히 월대를 갖추고 있으면서 용마루가 없는 무량각 지붕의 건물이 2개(대조전과 그 뒤쪽의 집상전)가 있기 때문에, 궁궐에 대한 상식을 가지고 있는 사람이라면 누구나 그 두 건물이 왕의 대전과 왕비의 중궁전임을 쉽게 알 수 있다.

희정당에서 찾아보는 어사 박문수의 전설

   앞서 선정전에서도 살펴 봤듯이 선정전이 원래 주편전임에도 불구하고, 조선후기 들어와서 선정전은 빈전이나 혼전과 같은 다른 용

희정당 지붕 합각면의 '강(康)'자

희정당 지붕 합각면의 '녕(寧)'자

도로 자주 사용이 되었고, 오히려 보조편전인 희정당에서 일상적인 정치행위가 많이 이루어졌다. 희정당은 보조편전인 관계로, 상참, 소대(召對, 왕명으로 임금과 대면하여 정사에 대한 의견을 상주하던 일), 과거시험 관련, 경연 관련 등 편전에서 수행하는 수많은 종류의 일상적인 국정활동이 일어났다.

그 활동중에서 임금이 희정당에서 신하들과 접견하면서 국정에 대해 토론하는 실록기사 하나랑, 과거급제자를 불러 치하하는 기사 하나를 차례로 들여다 보자. 먼저 영조가 암행어사로 유명한 박문수와 나눈 대화부분이다.

영조 9년(1733) 11월 5일
국청 문제와 호포·결포·군포 등에 대해 논하다.
국청대신(鞠廳大臣) 이하가 구대(求對)하여 입시(入侍)하니, 임금이 희정당(熙政堂)에서 인견(引見)하였다. …(전략)… 영성군(靈城君) 박문수(朴文秀)가 말하기를,
"지금의 급무는 비용을 억제하고 절약하여 굶주린 백성을 구휼하는 것 만한 것이 없는데, 군포(軍布)가 백성들이 가장 감당하기 어려운 폐단이 됩니다. 마땅히 재해(災害)를 입은 천심(淺深)을 헤아려 등급을 나누어 감면시켜줌으로써 눈앞의 급한 일을 해결해야 할 것입니다. 그렇지 않으면 오늘이나 내일 사이에 장차 토붕와해(土崩瓦解)의 근심이 있을 것입니다. 대세가 이미 기울어 버리면 아무리 구제하려 해도 할 수 있겠습니까? 또한 마땅히 선후(善後)의 대책을 미리 강구하고, 때에 맞

추어 크게 변통한 후에야 나라와 백성이 보전될 것입니다."
…(후략)

실록기사 속에서 박문수는 굶주린 백성을 구휼하기 위하여 군포(軍布)를 감면해 줄 것을 주장하고 있는데, 바로 균역법의 제정으로 가는 기초설계에 해당한다. 원래 조선의 군역은 16세부터 60세의 양인을 대상으로 1인당 2필씩의 군포가 부과되었는데, 조선후기로 가면서 군정이 문란해짐에 따라서 세력있는 양인들은 관리들과 결탁하여 군역을 면제받고, 무력하고 가난한 양민들만이 군역을 지게 되었다.

뿐만 아니라 부족해진 군포를 보충하기 위해서, 이미 사망한 군역 대상자에게도 그 몫을 가족에게서 징수하는 백골징포(白骨徵布), 갓난아이를 포함해 16세 미만의 어린아이에게까지 군포를 징수하던 황구첨정(黃口簽丁), 군포 부담자가 도망하면 친척에게서 군포를 징수하던 족징(族徵), 이웃에 연대책임을 지워 군포를 징수하던 인징(隣徵) 등 갖은 비법이 횡행하여 백성들을 도탄의 구덩이로 몰아넣었다. 박문수는 그런 백성들의 어려움을 잘 파악하여 군포의 감면을 주장하고 있는 것이다. 그리고 이런 군포의 개혁과 관련된 꾸준한 노력은 드디어 1750년(영조 26)에 결실을 맺어, 1인당 2필의 군포를 1필로 50%나 경감하는 균역법이 탄생하게 되었다.

'박문수'하면 대부분의 사람들은 그 이름 앞에 네 글자를 보탠다. 바로 '암행어사'다. 그런데 박문수가 실제 어사로 활동한 시기는 1727~1728년의 1년 간에 불과하고, 해당지역도 영남으로 한정되었다. 게다가 다른 자료에 의하면 몰래 다니는 암행어사가 아니라, 별견어사(別遣御史)라는 일반어사였기에 공개적으로 활동했다고도 한다. 그럼에도 불구하고 박문수는 전국 어느 지역에든 설화가 전해지고 있고, 백성들 속의 그 인기는 정말 대단한데, 이런 현상은 왜 만들어졌을까?

박문수가 경상도 관찰사로 있을 때의 일이다. 포항의 영일만에 가재도구와 관들이 밀려와 해변에 쌓인 것을 보고 함경도 쪽에 큰 수해가 났음을 직감한 뒤, 구호곡들을 미리 거둬서 배로 운송하여 함경도의 백성들을 구휼했다. 그런데 이는 정상적인 절차를 무시한 것이어서 정적인 노론으로부터 엄청난 공격을 받았다고 한다. 그 때 박문수는 "내가 문책을 당하는 것은 작은 문제이나, 백성을 구하는 것은 큰 문제다."라고 말했다고 하며, 영조는 박문수를 용서해 주었다고 한다.

또 1731년에도 함경도 진휼사로 활동하면서 함경도에서 기아로 굶어죽는 사태가 벌어지자, 경상도의 곡식 1만 섬을 실어다가 기아에 허덕이는 백성을 구제하기도 했는데, 이것 역시 경상도 관찰사 때와 마찬가지로 정상적인 절차를 따르지 않았다. 어쩌면 위의 두 이야기는 하나의 사건에서 파생되었을 수도 있다. 백성을 위해서라면 본인의 처벌도 감수하는 이런 이야기가 백성들 속에서 퍼져나가자, 박문수는 진정으로 백성을 위하는 존재로 거의 신격화 수준에 도달했고, 따라서 각지에 흩어져 있던 민간 설화 속에 자연스럽게 녹아들어가, 그야말로 전국구 스타가 된 것이다.

황희는 결코 청백리가 아니었다

이번에는 과거급제자를 불러 치하하는 기사인데, 대상자는 조선 초기 명재상이었던 황희의 후손이었다.

> 순조 25년(1825) 4월 18일
> 황희의 사손 황협을 소견하여 친히 제문을 지어 사판에 치제하다
> 희정당에 나아가 문무과의 사은(謝恩)을 받았는데, 갑과(甲科) 제 3인(第三人) 황협(黃秧)이 고(故) 상신(相臣) 익성공(翼成公) 황희(黃喜) 의 사손(祀孫, 봉사손. 제사를 받드는 자손)이므로 친히 제문을 지어 익성공의 사판(祠版)에 치제(致祭)하였다.

황희하면 누구나 청백리를 떠올린다. 그러나 황희가 사전 속 의미의 청백리라는 것은 전혀 사실이 아니다. 놀랍게도 실록에는 청백리의 표상으로 알려진 황희에 대한 일반인들의 상식과는 전혀 다른 내용이 많이 실려있다. 황희는 뇌물수수, 간통, 직권남용 등 수많은 혐의에 연루되어 여러차례 삼사의 탄핵을 받았으며, 백관을 규찰하는 사헌부의 수장자리에 있으면서도 뇌물을 너무 받아먹어서 황금대사헌이라는 별명도 있을 정도였다. 다만 그때마다 세종대왕의 무한대에 가까운 신임으로 가벼운 처벌을 받거나 복직되기를 반복했다. 도대체 세종은 왜 그랬을까? 결론만 간단히 줄여 말하면, 세종의 입장에서 볼 때 황희가 너무나도 정치를 잘 했기 때문에, 세종은 황희의 허물을 그것도 노골적으로 눈감아 준 것이었다.

황희는 자신의 성품 탓에 주위의 청탁을 쉽게 거절하지 못해서

매관매직 혐의로 수차례 탄핵을 받았을 뿐만 아니라 간통혐의까지 받았다. 또한 무고한 사람을 죽인 자신의 사위를 보호하기 위해 맹사성까지 끌어들여 살인사건을 축소, 은폐를 시도했고, 심지어 직권을 남용해서 사건을 조작하기까지 하다가 사헌부의 조사로 들통나기도 했다. 그러나 이런 사건들이 있을 때마다 세종은 상소를 무시하거나, 황희를 파직하는 흉내만 냈다가 1년도 안되어 다시 정승으로 기용하는 무한 신뢰를 보여주었다.

그런데 황희는 본인만 허물이 있는 것이 아니었다. 황희의 자식들도 사고를 쳤는데, 그것도 엄청난 대형사고를, 그것도 3종 세트로 쳤다. 게다가 그 내용이 실록에도 고스란히 실려있다. 황희는 황치신, 황수신, 황보신이라는 세명의 적자뿐만 아니라, 황중생(黃仲生)이라는 서얼자식도 있었다. 그중 황중생은 조선시대 2품 이상 고위 관료들에게 음식과 술, 안주 등을 대접하는 관청인 내섬시(內贍寺) 소속의 여종을 황희가 첩으로 삼아 낳은 자식이었다. 황중생은 신분이 천민인 여종의 자식이므로 서자가 아닌, 얼자다. 관청의 여종을 첩으로 삼았다? 황중생의 출생과 관련된 이 대목에서도 뭔가 석연치 않는 부분이 많다. 아무튼, 황희는 그런 자신의 얼자인 황중생을 소위 자신의 빽으로 동궁(東宮)의 소친시(小親寺) 자리에, 요즘 표현으로 하자면 낙하산으로 밀어 넣었다. 이런 것을 음서라고 한다.

그런데, 얼마 후 궁궐 내에서는 연이어 도난사고가 터졌고, 대대적 범인 색출작업에도 불구하고 범인은 잡히지 않았다. 결론부터 말하면, 실제 범인은 황중생이었는데, 설마 아무리 서얼출신이라도 황희 정승의 아들이 그런 짓을 했겠느냐는 생각때문에, 처음부터 용의

선상에서 그를 제외시킨 것이 화근이었다.

한편 세종 18년 또다시 궁궐 내 절도 사건이 터지게 되는데, 문제는 이 절도사건이 그 동안의 절도사건과는 차원이 다르다는 것이었다. 왜냐하면 이번 경우는 임금의 재산을 보관하는 내탕고에서 벌어졌고, 또한 도난당한 물건이 일반인은 소장할 수도 없고, 어디 가져다 팔 수 있는 물건도 아니라는 점이었다. 이번에는 황중생도 용의선상에 올랐고, 결국 그에게서 자백과 증거물이 나왔다.

그런데 그의 자백 내용에 또 다른 이름이 거론되었다. 장물과 관련하여 튀어나온 이름이 바로 그의 이복형인 황보신(黃保身)이었다. 황중생의 경우에는 황희의 아들이라 하더라도 서얼출신이기에 어느 정도 어물쩍 넘어갈 수는 있었지만, 황보신의 경우는 본처 소생의 적자였기 때문에 차원이 전혀 다른 이야기였다. '조선에서 첩의 자식은 사람취급을 안했다'라는 것을 반증하는 대목이기도 하다. 그야말로 가문에 먹칠을 하는 것이었다.

세종 22년(1440) 10월 12일
황희의 아들 황중생의 절도에 대해 국문하다
처음에 영의정 황희가 내섬시(內贍寺)의 여종[婢]을 첩(妾)으로 삼아 아들을 낳았는데, 황중생(黃仲生)이라 하였다. 황중생이 동궁의 소친시(小親侍)가 되어 궁중에서 급사(給事) 하였는데, 병진년에 내탕(內帑)의 금잔[金爵]과 광평대군(廣平大君)의 금띠를 잃어버렸으나 훔친 자가 누구인지 알지 못하였는데, 이때에 이르러 또 동궁이 쓰던 이엄(耳掩)을 잃어버렸다. 중생(仲生)이 한 것으로 의심하여 삼군진무(三軍鎭撫)를 시켜 그 집을 수색하게 하매, 이엄(耳掩)을 잠자리 속에서 얻게 되어 의금부에 내려 추국(推鞫)하였더니, 그전에 잃어버렸던 금잔과 금띠도 모두 중생이 훔친 것으로 다 자복하였다. 금잔의 무게는 20냥(兩)이었는데 중생의 집에서 나온 것은 11냥이였으니 나타나지 않은 것이 9냥이었다. 의금부에서 다시 그를 추국하니, 중생이 말하기를,
"제가 그 전에 적형(嫡兄) 황보신(黃保身)에게 주었습니다." …(후략)…

세종도 이제는 어쩔 수 없어서 황보신에게 처벌을 내렸는데, 이 과정에서 또 다른 황희의 아들 이름이 새롭게 튀어 나왔다. 그것은 바로 황희의 장남, 황치신(黃致身)이었다. 원래 황보신이 받은 처벌의 내용 중에는 녹봉으로 주어졌던 과전(科田)을 몰수하는 것이 포함되어 있었다. 그런데 당시 호조참판(지금의 기획재정부 차관)으로 재직 중이던 황보신의 맏형, 황치신은 몰수대상 목록에 있던 비옥한 황보신의 과전을 자기가 차지하고, 그 대신 자기가 가지고 있던 척박한 땅을 대신 벌금으로 내 놓은 것이었다.
　황희의 세 아들들(황치신, 황보신, 황중생)이 벌인 막장드라마는 이런 식으로 진행되었다. 그럼에도 불구하고 그런 아들들을 둔 황희에 대한 처벌은 솜방망이 수준이었다. 그 와중에 황희는 서얼이라는 이유로 슬그머니 황중생(黃仲生)의 성을 바꿔 이름을 조중생(趙仲生)이라 하였는데, 이런 것을 눈가리고 아웅한다고 하는 것이 아닐까? 그래봐야 실록에까지 기록된 내용을 어찌 바꾸겠는가!

황희의 청백리 신화가 만들어진 숨은 사연

그런데 사실이 전혀 아님에도 불구하고, 황희는 어떻게 해서 청백리라고 소문이 났을까? 사실 '황희의 청백리 신화'를 만든 것은 황희 개인이 아니라, 기득권을 지키려는 조선의 양반 계층이었다. 조선과 비슷한 시기에 왕조가 출범한 중국 대륙의 명나라에서는 기존의 '재상제'를 폐지하고 황제 독재체제로 정부조직을 변화시켰다. 대대로 왕권보다는 신권이 강했던 조선에서는 명나라의 재상제 폐지가 충격적인 뉴스였다. 만일 조선이 명나라의 체제를 따라간다면 그것은 곧 양반 집단의 기득권 축소를 의미하는 것이었다.

따라서 조선의 양반관료 집단은 재상제를 사수하고자, 기득권 관료집단 안에서 그나마 상대적으로 청렴하면서도 또한 자기세력이 별로 없어서, 자신들에게 큰 위협이 되지 않는 사람을 대외 홍보용 재상으로 내세울 필요가 있었다. 그런데 이런 조건을 모두 갖춘 사람이 바로 황희였던 것이다. 황희 자신도 실소득과 관계없이 청렴한 생활을 대외적으로 과시함으로써 양반 관료집단의 기대에 부응함과 동시에, 자기 자신도 재상직을 오래 지킬 수 있었던 것이다. 이런 이유 때문에 황희의 사후에도 기득권을 지키려는 조선의 양반 계층에 의해서 황희의 청백리 신화는 계속해서 확대재생산 되었고, 그 과정에서 그의 부패와 물의는 가려졌던 것이다.

그럼 10여년 전만해도 교과서에까지 실리던 황희의 청백리 신화는 어떻게 해서 깨지게 되었을까? 그것은 바로 조선왕조실록이 국역화 과정을 거쳐 인터넷에 올라가고 나서부터다. 왜냐하면 '황희'라는 이름으로 검색만 해봐도 황희와 관련된 수많은 탄핵, 부정

부패 기사들이 쏟아져 나오기 때문이다. 지금은 교과서에서 황희의 청백리 신화는 모두 빠진 상태라고 한다

대전과
중궁전
일원

대조전

대전일까?
중궁전일까?

현재 각종 공식자료에는 대조전이 중궁전으로 상정되어 있다

보물 제816호인 대조전(大造殿 / 大: 큰 대, 造: 지을 조, 殿: 전각 전)은 정면 9칸, 측면 4칸의 2익공식 팔작지붕 건물로 내전(內殿) 중에서는 으뜸가는 건물이다. 그런데 이 대조전은 일제강점기 때의 원칙 없는 잘못된 복구로 인해, 희정당과 함께 오늘날 정체성의 위기 속에 빠져 있다.

유교를 국시로 했던 조선의 모든 궁궐에는 원칙적으로 남여유별에 따라, 왕이 거처하는 건물과 왕비가 거처하는 건물이 각각 따로

창덕궁 실록으로 읽다
대전과 중궁전 일원

대조전

있어야 했고, 왕이 거처하는 전각을 대전(大殿), 왕비가 거처하는 전각을 중궁전(中宮殿) 또는 중전(中殿)이라 했다.

사극에서 조선의 왕비를 '중전'이라 부르는 것은, 건물의 이름으로써 그 건물의 주인을 가리키는 전통에 따른 것이다. 세자를 동궁(東宮)이라 한 것도 같은 맥락이며, 이런 전통은 민간까지도 퍼졌다. 택호(宅號)는 시집 온 여성을 이름 대신 친정의 지명으로 부르는 것인데, 예를 들면 안성댁, 전주댁하는 식이다. 그럼 조선의 궁궐에서 대전과 중궁전의 조합을 한번 정리해보자.

경복궁의 대전과 중궁전은 각각 강녕전/교태전이다.
경희궁의 대전과 중궁전은 각각 융복전/회상전이다.

창경궁의 대전과 중궁전은 각각 환경전/통명전이다.
[단, 덕수궁(경운궁)은 대전인 '함녕전'만 있고 중궁전은 없다.
을미사변으로 명성왕후를 잃은 고종이 중궁전을 따로 만들지
않았기 때문이다.]

그런데 창덕궁은 좀 상황이 묘하다. 각종 공식적인 문화재관련
사이트에서 창덕궁의 대조전(大造殿)을 찾아보면 아래와 같은 결과물
이 표시된다.

문화재청 '문화재검색' 결과:
대조전은 왕비가 거처하는 내전 중 가장 으뜸가는 건물이다.

두산백과 검색결과:
창덕궁의 내전(內殿)을 겸한 침전(寢殿)

한국문화재재단 '문화유산채널':
창덕궁 대조전 중궁전, 중궁전에는 용마루가 없다

돌배게 답사여행의 길잡이 15 - 서울편:
대조전은 왕비가 거처하는 곤전(坤殿)의 주된 건물이다.

한국관광공사 '대한민국 구석구석':
왕비가 생활하던 중궁전의 건물이다

결과적으로 창덕궁의 대조전을 중궁전으로 상정하고 있는 것이다. 앞서 조선의 모든 궁궐에는 원칙적으로 남여유별에 따라, 왕이 거처하는 '대전'과 왕비가 거처하는 '중궁전'이 따로 있다고 했다.

그리고 성리학을 국시로 한 조선에서는 성리학적 위계질서를 매우 중요시 여겨서, 궁궐 조영시 대전과 중궁전을 배치할 때, 서열상 '대전'을 '중궁전'보다 상위개념으로 배치를 한다. 즉 앞뒤로 배치할 때는 앞쪽에 대전을 배치를 하고[경복궁, 창경궁의 경우], 좌우로 배치할 때는 좌측에 대전을 배치[경희궁의 경우]한다.

이런 배치 원리로 본다면 대조전이 중궁전일 경우, 앞쪽에 있는 희정당(熙政堂)은 왕의 침전(처소)이라는 결론에 도달한다. 그래서 희정당에 대한 인터넷 검색결과를 보면 과연 그렇다고 되어 있다.

문화재청 '문화재검색' 결과:
희정당은 본래 침전으로 사용하다가, 조선 후기부터 임금의 집무실로 사용하였다.

어린이 백과, 교과서에 나오는 유네스코 세계문화유산:
희정당은 초기에는 왕이 잠을 자던 개인적인 공간으로 사용되다가 조선 후기에 편전으로 사용

두산백과 검색결과:
조선 후기에 국왕이 평상시에 거처하던 곳이다.

돌배게 답사여행의 길잡이 15 - 서울편:

연산군 2년(1496)에 수문당이 불에 타서 새로 지은 건물로서 <u>왕이 거처하며 집무하던 곳</u>이다.

창덕궁의 대전, 중궁전에서 보여지는 모순점들

그런데 이런 결과를 얻고 나니, 뭔가 이상한 구석이 한두 군데가 아니다.

첫째로, 각종 자료에서 왕비의 전각이라는 대조전은 건물의 위계질서에서 가장 높은 '전'급인데, 왕의 전각이라는 희정당은 그보다 낮은 '당'급이라는 것이 말이 되는가?

조선시대 당시 사회적으로 통용되던 건물의 위계질서는 대체로 전·당·합·각·재·헌·루·정(殿堂閤閣齋軒樓亭) 순으로 이름이 붙는다. 가장 높은 등급의 '전'은 레벨이 왕과 왕비급이어야 사용할 수 있다. 심지어 국가서열 2위인 왕세자도 '전'을 쓸 수 없어서 '당'을 사용한다. 경복궁의 자선당, 창덕궁의 중희당, 창경궁의 시민당 등은 왕세자를 위한 전각이다.

두번째는, 대전은 기본적으로 거처를 뜻하는 침전(寢殿)의 개념이다. 그런데 희정당(熙政堂)을 왕의 침전이라고 하면서, 어째서 정치를 한다는 뜻의 정사 정(政)자를 이름에 넣었을까? 건물 이름에 정(政)이 들어가면 이것은 치조영역임을 나타내는 것이다. 침전은 치조가 아닌 연조 영역이다.

셋째로는, 순조시대 그려진 동궐도(창덕궁+창경궁)를 보면, 창덕궁에는 용마루가 없는 무량각 지붕 건물이 2개가 보인다. 조선에서 용마루가

희정당의 현판 - 정(政)자

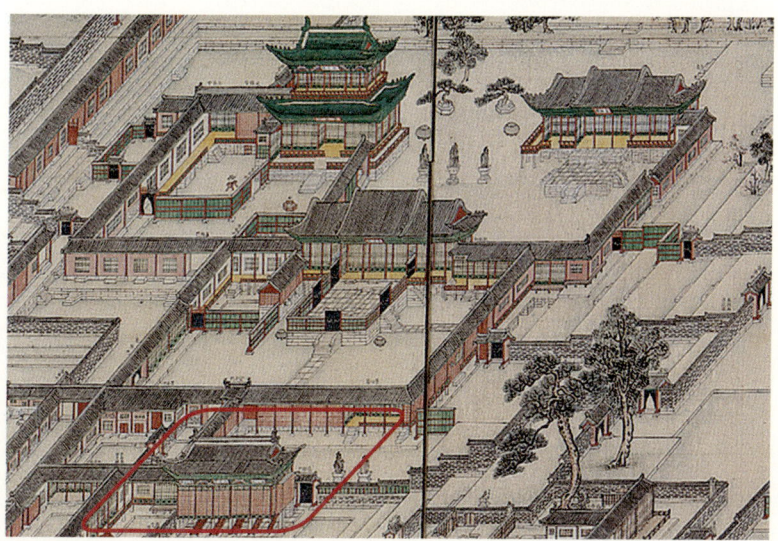

동궐도 희정당 부분 [동아대학교박물관]

없는 건물은 왕과 왕비의 건물에서만 볼 수 있다. 그런데 동궐도 속 용마루가 없는 건물은 각종 자료가 언급하고 있는 '희정당'과 '대조전' 조합이 아니라, 오히려 '대조전'과 그 뒤의 '집상전'이다.

마지막으로, 왕과 왕비의 건물은 다른 건물과 위계를 달리 보이도록 여러 장치를 만드는데, 예를 들어 집 앞에 돌로 만든 넓은 기단인 월대도 그 중의 하나다. 그런데 동궐도에서 희정당은 월대가 없는 반면, 대조전과 집상전은 월대가 있다.

이런 모순점들이 생기는 이유는 앞서 실록 기사에서 살펴본 것처럼, 1917년 11월 창덕궁의 대화재 이후 복구작업을 할 때, 일제는 우리 궁궐내 전각의 위계질서를 완전히 무시하고, 경복궁의 교태전을 헐고난 뒤 그 부재로 창덕궁에 옮겨지어 '대조전'이란 현판을 걸었고, 경복궁의 강녕전을 헐어 그 부재로 '희정당'을 옮겨 지은 것이다.

여기서 우리 스스로에게 질문을 한번 던져보자. 경복궁의 중궁전(교태전)으로 썼던 건물을 헐어서, 창덕궁의 대전(대조전) 자리에 지었는데, 그것이 창덕궁의 대전이 아닌 중궁전이 되어야 하는가? 백번 양보해서 일단 헐린 건축 자재로 새로운 장소에서 이전하기 전 상태와 완전히 똑같이 지어졌다고 한다면, 이전복원이라는 측면에서 최소한 이전하기 전 건물이름을 내걸 수는 있을 지도 모르겠다. 하지만 창덕궁의 경우는 그런 것도 전혀 아니다.

대전이었던 대조전에서 중궁전의 역할이 자주 발견되는 이유

그럼에도 불구하고 일부 사료에는 창덕궁의 대조전에서 중궁전

역할을 한 것이 자주 발견되고 있다. 이는 어떻게 된 일일까? 일단 실록에서 '대조전'으로 검색하면 아래와 같은 기사들이 나오는데, 조선 중기까지는 왕비에 관련된 이야기는 거의 없고, 대부분이 왕에 관련된 기록들뿐이다.

세조 13년(1467) 5월 17일
임금이 대조전에 나아가 능성군 구치관, 좌찬성 조석문, 도승지 윤필상 등을 불러 이시애를 토벌할 방략을 의논하고, …(후략)

성종 25년(1494) 12월 24일
오시(午時)에 임금이 대조전에서 훙(薨)하였는데, 춘추는 38세다.

연산 2년(1496) 8월 22일
정원이 아뢰기를, "대조전의 전랑을 고치라고 명령하셨는데, 신들의 생각에는 대조전, 수문당은 성종께서 26년 동안 거처하시던 곳이며, 태종, 세종께서 또한 거처 하셨습니다. …(후략)"

인조 27년(1649) 5월 8일
상(上)이 창덕궁의 대조전 동침에서 승하하였다.

효종 10년(1659) 5월 4일
상(上)이 대조전에서 승하하였다. …(후략)

현종 5년(1664) 11월 11일
대사헌 송준길이 교지에 응하여 상소하면서 사직하였다. 그 대략에, "(전략) 기억하건대, 지난 무술년 겨울 우리 효종 대왕께서 성체가 미령하여 미처 회복하지 못하신 때에도, 일찍이 신들을 불러 대조전의 침실로 끌어들여 조용히 강론하시면서, 귀양간 신하까지도 쾌히 불러들이셨습니다. …(후략)"

숙종 5년(1679) 11월 22일
임금이 창덕궁의 대조전으로 돌아와 거처하였다.

경종 2년(1722) 10월 21일
임금이 대조전에 이어(移御)하였다.

경종 4년(1724) 8월 3일
밤에 임금이 한열(寒熱)이 갑자기 심하여 약방 도제조 이광좌 등이 대조전 침실에 입진하고, 이튿날 아침에 의논하여 승양산화탕을 지어 올렸다.

영조 2년(1726) 11월 2일
임금이 대조전인 곧 창덕궁으로 환어하였다. 병조에서 홍화문은 그전처럼 도로 닫아버리고 돈화문의 표신에 따라 여닫되, (중략)… 아뢰니, 윤허하였다.

이상의 실록 기사를 분석해 보면, 대조전은 초기부터 왕의 대전으로 사용되었음이 명백하다. 따라서 대조전이 왕의 대전이라면 궁궐 전각 배치원리상, 그 뒤의 집상전은 왕비의 중궁전이 될 수 밖에 없다. 집상전의 경우, 지금은 복원되지 않았지만 동궐도 그림 속에서는 확인 가능하다. 또한 백번 양보해서 집상전이 중궁전이 아니라면, 대조전을 왕과 왕비가 함께 썼을 가능성도 있는데, 비슷한 예로 경복궁의 자선당을 세자와 세자빈이 함께 사용했었다. 그렇다 하더라도 다른 궁궐에서는 대전과 중궁전을 같은 건물로 사용한 사례가 없을뿐더러, 어떤 경우에서라도 결코 희정당이 대전이 될 수는 없다.

한편, 희정당은 정치를 뜻하는 정(政)자가 있기에 당연히 편전이다. 다만 임금이 항상 정치를 하는 선정전이 주편전이므로, 희정당은 보조편전에 해당한다. 경희궁도 같은 궁궐 배치법을 쓰고 있는데 자정전이 주편전이고 흥정당이 보조편전이다. 주편전과 보조편전은 각각 전, 당이라는 이름으로 위계질서를 나타냈다.

이렇게 정리하고 나니 앞서 나온 모든 모순점이 한꺼번에 풀린다. 그럼에도 불구하고 일부 사료에는 왜 대조전에서 중궁전의 역할이 보이는 것일까? 숙종때의 기록을 잘 살펴보면 '대조전'과 '왕비'의 연관성이 살짝 드러난다.

숙종 7년(1681) 7월 24일
임금과 중궁(中宮)이 창덕궁 대조전으로 환어(還御)하고, 왕대비는 창덕궁 집상전(集祥殿)으로 환어하였다. 지난해에 궁금(宮禁)에 재변(災變)이 있어 경덕궁으로 옮겼다가 이해 겨울에 인경왕후가 꺼려하는 병을 만나자, 임금이 자전(慈殿)을 받들고 갑자기 창경궁으로 옮겼다가 이때에 이르러 환어하였다.

며느리의 방을 빼앗은 시어머니 '명성왕후'

이 실록 기사를 부연설명 하자면, 1680년(숙종 6) 왕비였던 인경왕후가 헛것을 보고 정신적인 충격을 받아 낙태하는 사고가 있었다. 그러자 왕과 왕비는 잠시 다른 궁궐로 피해 있다가 다시 창덕궁으로 돌아왔는데, 그때 왕과 왕비는 대조전으로 들어가고, 바로 뒤의 집상전에 대비가 머물게 되었다. 다음은 관련 기록이다.

숙종 6년(1680) 7월 24일

왕대비(王大妃)가 언서(諺書)로 약방(藥房)에 하교하기를, "대내(大內, 중전)에 요즈음 재이(災異)가 있으니,〔밖에서는 무슨 재앙이 있는지를 알지 못하였는데, 혹자는 귀신의 변고가 있었다고 하며, 그때 내전에 여러 달 동안 포태(抱胎)의 징후가 있었는데, 갑자기 침전에서 도깨비를 보고 그로 인하여 놀란 나머지 하혈하고 낙태한 사고라고 전한다.〕
아주 매우 놀랍고 걱정 되어 여러 번 다른 곳으로 옮겨 거처해야 한다는 뜻으로 힘써 권하였는데, 대전(大殿)에서는 불가하다고 하며 한결같이 미루기만 하니, 약방에서는 모름지기 이러한 뜻을 알고 또한 힘껏 청하라." 하니,
약방 도제조 김수항 등이 그로 인하여 청대(請對)하여, 자전(慈殿)께서 하교한 뜻으로, 다른 곳에 옮겨서 거처할 것을 힘써

청하니, 임금이 그대로 따르고, 날을 받아 경덕궁으로 옮겨 거처할 것을 명하였다. …(후략)

그런데 참, 이상하다…. 지금까지의 자료분석으로 미루어 보아 집상전은 중궁전일 가능성이 높음에도 불구하고, 대비가 집상전으로 들어갔다? 시어머니가 맏며느리의 안방을 차지한 셈이다. 이 부분의 수수께끼를 알아내기 위해서는 도대체 숙종의 왕대비가 누구길래 중궁전인 집상전을 차지할 정도인지 밝혀볼 필요가 있다.

숙종을 낳은 왕대비 명성왕후[주의! 고종의 명성황후(민비)가 아님] 김씨는 현종의 부인이다. 그런데 현종은 조선시대 왕들 중에서 보기 드물게, 정식 왕비를 제외하고는 후궁이 한 명도 없다. 왜 그랬을까? 결론은 현종은 엄처시하(嚴妻侍下)에서 살았던 왕으로 보인다. 명성왕후를 백과사전에서 한번 검색해보자.

조선 현종의 비(妃). 숙종과 3공주를 낳았다. 지능이 비상하고 <u>성격이 과격하였으며 숙종 즉위 초에는 조정의 정무에까지 관여하여 비판을 받기도 하였다.</u>

1661년생인 숙종이 왕비의 낙태사고 이후 창덕궁으로 돌아왔을 때가 겨우 20세의 나이었다. 따라서 남편에게 후궁이 단 한명도 생겨나지 못하게 했을 정도로 기가 세었던 명성왕후는 20세가 된 아들까지도 바로 눈 앞에다 두고 참견을 하려했던 것으로 추측해 볼 수 있다. 앞서 인정문 외행각편 '정청에 울려 퍼진 대비의 곡소리'

부분에 등장했던 인물이 바로 이 명성왕후다.

  이런 연유로 창덕궁 대조전은 왕과 왕비가 함께 거처하는 이상한 전통이 생겨난 것으로 보인다. 이후 조선왕조 실록에서는 대조전에서 왕의 공식 정치뿐만 아니라 가례(왕, 세자, 세손의 성혼, 즉위, 책봉 의식)를 올리거나 산실청으로 사용된 것이 더 보인다.

정조 11년(1787) 9월 18일
대조전에 산실청을 설치하고 이갑을 권초관(捲草官)으로 삼았다.

순조 2년(1802) 8월 30일
가례(嘉禮)를 지낼 때의 동뢰연(同牢宴)을 대조전에서 행할 것을 명하였다.

순조 9년(1809) 8월 9일
원자가 창덕궁 대조전에서 탄생하였다.

헌종 9년(1843) 8월 25일
중궁전이 대조전에서 승하하였다.

철종 14년(1863) 12월 8일(경진) 8번째기사
묘시(卯時)에 임금이 창덕궁의 대조전에서 승하하였다.

순종 5년(1912) 12월 10일

대조전(大造殿)으로 이차(移次)하였다.

•• 뱀의 발
존칭의 서열

　사극을 보면 임금에게는 '전하'라는 존칭을 쓰고, 세자에게는 '저하'라는 존칭을 쓴다. 대원군에게는 '합하'라고 한다. 그리고 중국의 황제에게는 '폐하'라는 존칭도 쓰고, 예전에는 우리나라 대통령에게도 '각하'라는 존칭을 썼었다. 그 말들이 모두 상대방을 높여 부르는 존칭인데, 복잡해서 영 정리가 잘 안된다. 존칭은 상대방을 높여 부르는 말인데 공통점이 있으니, '아래 하(下)'라는 글자로 끝난다. 그 뜻은 상대방 앞에서 내가 몸을 최대한 낮추고 명령 받을 준비를 하고 있다는 뜻이다.

　그런데 '전하', '저하', '폐하', '각하', '합하'와 같은 이 모든 존칭들은 사실은 건축과 관련이 있는 말이다. 옛날 사람들은 건물 자체를 건물의 주인과 같은 것으로 보았다. 그런데 건물이라고 다 같은 건물이 아니다. 건물에도 서열이 있다. 결론부터 말하자면 '전·당·합·각·재·헌·루·정(殿堂閤閣齋軒樓亭)' 순이다. 이 서열은 건물의 크기로 결정하는 것이 아니라, 그 건물 주인의 서열에 따라 매겨진다.

　'전'의 주인에게는 전하라고 부르고, '합'의 주인에게는 합하라고 부르고, '각'의 주인에게는 각하라고 부른다. 예외적으로 '당'의 주인에게만 저택이나 관저라고 할 때의 '큰집 저'자를 써서 저하라고 부른다. 따라서 존칭의 순서는 전하 〉 저하 〉 합하 〉 각하 순으로 된다. 전하는 왕에게, 저하는 왕세자에게, 합하는 대원군에게 쓰인다. 제일 끝의 각하는 자신에게는 권한이 없지만 위임 받은 권한을 행사하는 사람에게 쓰인다.

일제강점기 때 한반도를 통치했던 것은 조선총독부였다. 그런데 조선총독부의 수장인 총독은 자신의 권한으로 통치한 것이 아니라, 일본 본국 천황의 위임을 받아 통치한 사람이다. 따라서 총독에게는 각하라고 불렀던 것이다. 그런데 해방이 되고 나서 초대 이승만 대통령을 모시던 사람들이 대통령의 존칭을 뭐라 할까 고민하다가, 일제강점기 때 한반도를 통치하던 최고 권력자인 총독에게 각하라고 부르던 것이 생각나서, 그 존칭의 이유를 묻지도 따지지도 않고 그냥 그대로 써버린 것이다. 각하는 존칭 중에서도 가장 낮은 등급의 존칭이다. 따라서 우리나라 최고 지도자인 대통령을 각하라고 부르는 것은 대통령을 깎아 내리는 것임을 명심하자.

그런데 황제에게는 왜 폐하라고 할까? 앞에서 건물에는 '전당합각재헌루정'이라는 서열이 있다고 했는데, 그 중에서 가장 서열이 높은 '전'도 세부등급이 또 나눠진다. '전' 중에서도 최고의 '전'은 돌로 만든 엄청나게 큰 기단 위에 올라가는 '전'이 있다.

경복궁에 가보면 다른 건물들은 땅 위에 조그만 기단을 만들고 그 위에 건물이 올라간다. 그런데 경복궁의 가장 중심이자 가장 큰 건물인 근정전 건물은, 돌난간까지 갖춘 2단으로 된 커다란 돌기단 위에 올라가 있다. 그것을 월대라고 부른다. 이런 '전'은 특별히 법전(法殿)이라고 부른다. 창덕궁에는 인정전, 창경궁에는 명정전이 해당된다. 그런데 이 법전 중에서도 중국의 황제가 있는 자금성의 법전은 1개가 아닌 3개가 만들어져 있고, 또한 유일하게 3단으로 만든 거대한 돌기단 위에 올라가 있다.

그래서 중국의 황제를 부를 때는 건물인 '전'을 쓰지 않고, 그 '전'이 올라가 있는 거대한 돌기단을 존칭으로 쓴다. 폐하라고 부를 때의 폐는 한자로 돌기단을 뜻하는 '섬돌 폐(陛)'자다.

인정전

자금성 태화전

경훈각

대조전이 대전이 될 수 밖에 없는 증거

청기와로 덮힌 경훈각(징광루)과 연결되어 있던 대조전은 대전일 수 밖에 없다

경훈각(景薰閣 / 景: 볕 경, 薰: 향초 훈, 閣: 집 각)은 창덕궁 대조전 뒤쪽에 있는 건물로, 대조전과는 복도로 연결되어 있다. 1461년(세조 7)에 전각 명칭을 바꿀 때 2층을 징광루, 1층을 광세전이라 했다는 기록을 보아 그 이전부터 2층 건물이었다는 것을 알 수 있는데, 후에 1층은 경훈각으로 이름을 다시 바꾸었다. 순조 시대에 만들어진 동궐도를 보면, 이 경훈각(징광루)은 바로 앞쪽에 있는 선정전과 함께 창덕궁과 창경궁 내에서 청기와를 올린, 단 두 개의 전각 중 하나다. 그만큼

경훈각

중요한 건물이라는 것을 반증한다. 1917년 창덕궁 대화재 이후 재건하면서, 원래 2층이었던 것이 정면 9칸, 측면 2칸의 단층 건물로 되었다.

숙종 30년(1704) 3월 19일
숭정 황제 제사 때의 제문
임금이 의춘문(宜春門)에서 금원(禁苑)의 제단(祭壇)에 나아가 태뢰(太牢)로 숭정황제(崇禎皇帝)의 제사를 지냈다. …(중략)… 이 글을 지어 올릴 적에 상소하기를,
"신이 동관(冬官)으로 대내(大內)를 수리하는 역사(役事)를 감독하였었는데, 그때 경훈각(景熏閣)의 벽에 걸려 있는 현판(懸板)을

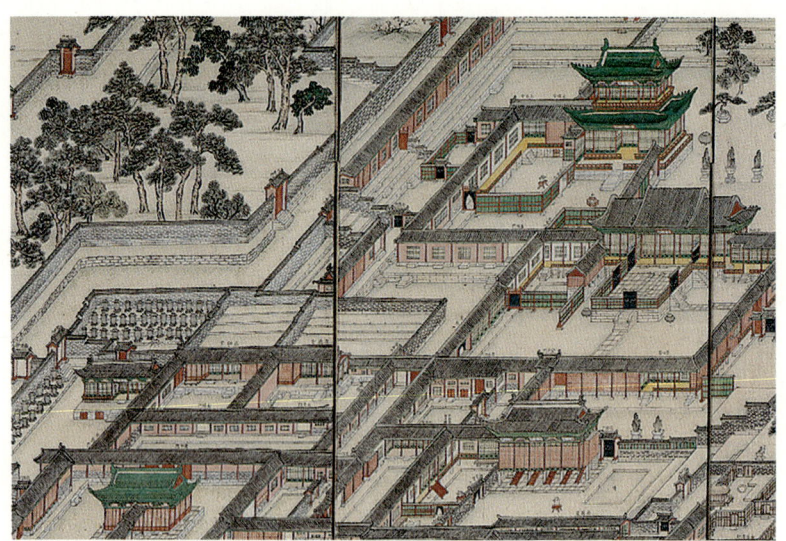
동궐도 경훈각과 선정전 부분 [동아대학교박물관]

우러러 보니, 바로 성상(聖上)께서 지으신 제영(題詠)으로, 선조(宣祖)께서 신종 황제에게 받은 망의(蟒衣)를 물려받은 것이 지금껏 보관되어 있다는 것을 내용으로 하고 있었습니다. …(후략)…"

이 경훈각은 임진왜란 때 구원병을 보내준 명나라 신종 황제로부터 받은 옷을 보관하고 있었던 것을 실록기사에서 알 수 있다. 그 때문에 다른 전각과는 차별화를 두어 지붕을 청기와로 만든 것이다. 이런 중요한 건물이 중궁전과 연결되어 있을 리는 없다. 따라서 대조전은 중궁전이 아니라 대전이라는 또 다른 증거이기도 하다.

우리 속담에 '청기와장수'라는 것이 있는데, 그 뜻은 저만 알고

남에게는 알리지 않아 어떤 일을 자기 혼자서 차지하려는 사람을 뜻한다. 옛날에 어떤 사람이 청기와 굽는 법을 알아냈지만, 이익을 혼자서만 차지할 생각으로 아무에게도 그 비법을 알려주지 않고 죽었다. 그 바람에 후세에까지 그 비법이 전해지지 않았다는 이야기에서 비롯한 말이다. 이렇듯 귀한 정보를 독점하여 이익을 극대화 하거나, 부정적인 결과를 낳게 한 사람을 '청기와장수'라고 말한다.

『장자(莊子)』에는 이런 이야기가 들어있다. 춘추시대 제(齊)나라의 제후이자 천하의 패권을 장악한 최초의 패자 환공(桓公)이 어느 날 대궐의 정문 다락에서 옛 성현의 책을 보고 있는데, 그 아래에서는 수레바퀴를 만드는 기술자가 커다란 수레바퀴를 만들고 있었다. 그런데 그 기술자가 묻기를 "임금님, 지금 보시는 책이 무슨 책인가요?"라고 하자, 환공이 대답하기를 "성현의 말씀을 기록한 책이라네."라고 했다. 그러자 그 기술자가 다시 말하기를 "제 생각에는 그 책에 쓰여진 내용은 아마도 쓸데 없는 껍데기에 불과 할 것이므로, 보시지 않는 것이 나을 것입니다."라고 했다. 그 말에 노한 환공이 "네 이놈, 감히 수레바퀴나 만드는 주제에 성인을 무시한단 말이냐? 만일 내가 납득할 만한 이유를 대지 않는다면, 너를 성인을 무시한 죄로 벌을 주겠다."라고 했다.

이에 그 기술자가 답했다. "저는 어려서부터 아주 가난하고 미천한 집안에서 태어났는데, 일찍부터 기술자가 되기를 희망하여 그 중에서도 가장 큰 기술자인 수레바퀴를 만드는 일을 시작하였습니다. 그러던 어느날 저는 최고의 기술을 인정받아 명성과 재물을 아울러 가질 수가 있었습니다. 그리하여 저는 제가 누리는 명성과 재물을 자식에게 물려주기 위하여 고심을 하는데, 말로 하자니 그 오묘한 기술들을 도저히 다 할 수가 없었고, 글로 쓰자니 글 또한 제대로 그 뜻을 전달하기 불가함을 깨닫게 되었습니다. 그러니 저의 미천한 경험에 비추어 보아, 성인 또한 자신이 진실로 전하고자 하는 내용은 문자로써는 도저히 표현하지 못할 게 분명하지 않겠습니까?"

이 이야기는 복잡한 기술전수가 쉽지 않음을 비유한 우화다. 옛날 우리의 도공들은 당시 중국에서 개발되어 고도로 발달된 고급 청자기법을 도입하여 독특한 우리의 기술로 재창조하게 되니, 그것이 바로 '고려청자'이며, 한 단계 더 발전하여 청자로 된 기와까지 만드는 쾌거를 이루었다. 하지만 청기와는 일반기와에 비해 가격이 엄청나게 비쌌기 때문에 궁궐에서조차 청기와를 함부로 쓰지 않았다. 따라서 엄격한 신분제 사회였던 조선에서 궁궐에서도 함부로 쓰지 않는 청기와를 민간에서 사용하게 했을 리는 없다. 그러다보니 청기와를 만드는 고급기술은 민간에서는 전승되지 못했고, 그런 연유로 청기와장수라는 속담이 생겨난 듯 하다.

정조는
진정한
보수주의자?

성정각과 동궁을 제대로 이해하려면 동궐도를 봐야 한다

　성정각(誠正閣 / 誠: 정성 성, 正: 바를 정, 閣: 집 각)은 창덕궁의 동궁에 딸린 전각으로 세자가 학문을 익히던 곳이며, 한때 내의원으로 사용되기도 하였다. 성정각을 제대로 이해하려면 동궐도를 보면 된다. 동궐도의 중앙부분 하단[지금의 창덕궁 후원 매표소 앞마당 근처]에는 가장 넓은 마당을 갖추고서 당당한 위용을 자랑하는 큰 전각이 하나 있는데, 그것이 바로 동궁의 정당(正堂)인 중희당이다. 성정각은 바로 이 중희당의 부속건물 중의 하나인 것이다.

창덕궁 실록으로 읽다
동궁 일원

성정각

　성정(誠正)이라는 이름은 유교 경전의 하나인 대학(大學)에 나오는 성의(誠意)와 정심(正心)이라는 말에서 따왔는데, 성정각이 세자가 학문을 익히던 곳인 만큼, 학문을 대하는 정성과 올바른 마음가짐을 가지라는 뜻으로 읽힌다. 또한 성정각의 정문 이름도 세자를 배려한 듯, 현자를 맞이한다는 뜻의 영현문(迎賢門)이다.
　성정각의 뒤편으로는 순종이 태어난 관물헌(觀物軒 / 觀: 볼 관, 物: 물건 물, 軒: 집 헌)이 있는데, 이곳에서 순종은 백일을 맞았으며, 1884년 갑신정변 때는 김옥균 등 개화당이 이곳을 그들의 작전본부로 삼았는데, 그 이유는 이곳이 창덕궁 내에서도 가장 협소했기 때문에, 소수의 병력으로도 청군(淸軍)의 공격을 막을 수 있다고 믿었기 때문이다. 하지만 도와주기로 약속한 일본군이 일방적으로 철수하면서, 청군

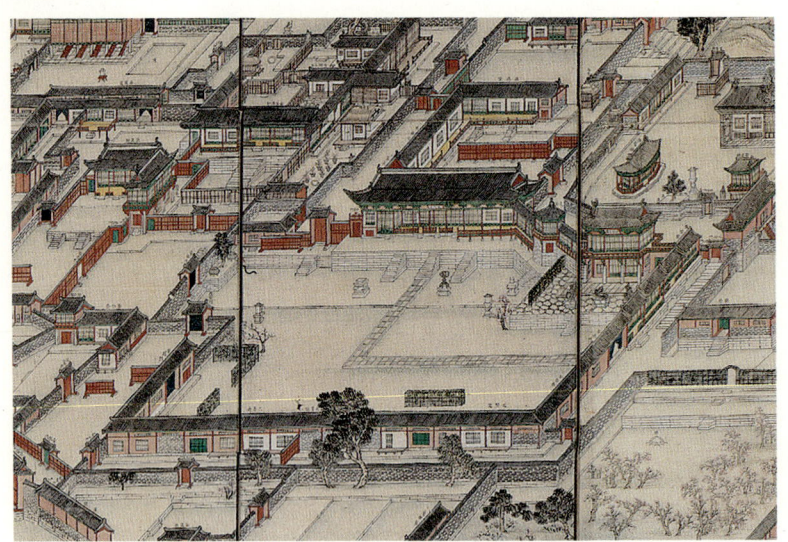

동궐도 중희당 부분 [동아대학교박물관]

의 공격을 막아내지 못하고 쿠데타는 삼일천하로 막을 내렸다.

고종 11년(1874) 5월 19일
원자의 백일이었기 때문에 모두들 축하하다
…(전략)… 하교하기를,
"백일을 당하여 자전께 기쁨을 드리게 되니, 기이하고 다행스러운 마음 비할 데가 없다." 하였다. 이유원이 아뢰기를,
"원자궁의 의젓한 모습을 보고 싶지만 감히 청할 수 없습니다." 하니, 하교하기를,
"관물헌(觀物軒)에 들어와서 보도록 하라." 하였다. …(후략)…

성정각 정문 영현문(迎賢門)

성정각 관물헌

한 때는 성정각을 내의원으로 사용하기도 하였는데 [원래 내의원의 위치는 궐내각사 구역의 옥당 옆에 있다] 성정각 우측 맞배지붕의 4칸짜리 전각에는 그 곳이 내의원이었음을 알리는 보호성궁(保護聖躬), 조화어약(調和御藥)이라는 현판이 걸려 있다. 임금을 높이는 차원에서 임금을 뜻하는 글자인 성궁(聖躬)과 어(御)자를 다른 글자보다 조금 더 위로 올려 쓴 것이 재미있다.

헌종 14년(1848) 3월 25일
성정각에서 약원(藥院)의 입진(入診)을 행하였다.

창덕궁 실록으로 읽다
동궁 일원

보호성궁(保護聖躬), 조화어약(調和御藥)

헌종 15년(1849) 5월 14일

약원의 입진을 행하다

관물헌(觀物軒)에서 약원(藥院)의 입진(入診)을 행하였다. 도제조 권돈인이 말하기를,

"요즈음 입진한 의관(醫官)이 전하는 말을 들으니, 면부(面部)에 부기(浮氣)가 있다 합니다. 이제 우러러 보건대, 조금 부기가 있으니, 아랫사람의 심정이 불안하기 그지 없습니다. 대소변은 어떠하시며, 일간의 제절은 또 어떠하십니까?"…(후략)…

정조는 개혁적 진보주의자가 아니라 진정한 보수주의자였다

한편 1795년 11월 정조임금은 성정각에서 대신들을 모아 놓고 문체(文體)에 대해 논했는데, 역사에서는 이를 문체반정(文體反正)이라 부른다.

정조 19년(1795) 11월 7일
진하정사 이병모 등을 소견하고,
문체와 관련하여 우리나라 시문에 대해 논평하다

진하정사 이병모, 관상감제조 정호인, 사역원제조 윤시동·이시수, 정례이정소 당상 서용보, 승문원공사 당상 이만수를 성정각(誠正閣)에서 불러 보았다. …(중략)… 상이 이르기를 "나는 우리 나라에서 명나라 문체의 못된 폐단을 답습하게 한 풍조를 이 글이 실제로 열어놓았다고 생각한다. 그 자신은 그런 글을 짓는 것에 대해 꽃과 달을 새긴 비단과 같다고 하면서 동방의 찌든 때를 한 번 씻어내게 되었다고 하였지만, 순일하며 혼후한 점에 있어서는 태허정 이나 사가 등 제자보다도 훨씬 못하다." …(후략)…

문체반정은 정조가 당시 중국 청나라의 영향으로 양반계층 사이에서 유행하던 문체인 세속적 패관별체를 배척하고, 고문을 부흥시키려 했던 문풍개혁 정책이다. 개혁 군주라고 평가받는 정조의 이미지와는 상당히 거리감이 있지만, 분명 정조는 당시 새롭게 유행하던 소품체 문체를 우려하며, 고전의 문체로 돌아가라고 신하들과 선비들에게 명했다. 이를 위해서 정조는 규장각을 설치하고, 패관소설과 잡서 등의 수입을 금하였으며, 중국의 고문들을 신간하였는데, 이에 대해서는 정조의 정체성이 원래 개혁적인 것이 아니라 정통 성리학을 철저히 신봉하는 진짜 보수주의자라는 평가도 있는 반면에, 단순히 정조가 주로 남인들이 많이 속한 천주교 신자들에 대한 노론의 공격을 방지하기 위해, 박지원 등 노론 문인들이 즐겨 쓰던 패관별체를 문제삼은 정치적 노림수였다는 주장도 있다.

정조의 문체반정에 저항했던 대표적 인물로는 박지원과 이옥을 꼽을 수 있다. 박지원은 집안이 어려워서 늦은 나이에 글을 배우게 된 덕분에 그의 글은 다른 사람들보다 고전 문체에서 비교적 자유로울 수 있었다. 게다가 박지원의 열하일기는 당시로서는 베스트셀러였다. 때문에 정조는 박지원에게도 자송문(반성문)을 쓰게 시켰는데, 박지원은 너무 죄가 커서 자송문을 쓸 수 없다고 거부했다. 한편 이옥은 과거에서 장원을 차지했지만, 소품체 문체를 쓴 것을 정조가 찾아내어 꼴찌로 처리해 버렸다. 하지만 이옥은 소품체 문체를 끝까지 버리지 않고, 결국 벼슬 길에도 오르지 않았다.

정조 16년(1792) 10월 19일
동지정사 박종악 등에게 당판의 수입 금지와
소설 문체 사용의 금지를 명하다
…(전략)… 상(上)이 대사성 김방행에게 이르기를,
"성균관 시험의 시험지 중에 만일 조금이라도 패관 잡기에 관련되는 답이 있으면 비록 전편이 주옥 같을지라도 하고(下考)로 처리하고, 이어 그 사람의 이름을 확인하여 과거를 보지 못하도록 하여 조금도 용서가 없어야 할 것이다. 내일 승보시(陞補

試)를 보일 때 여러 선비들을 모아두고 직접 이 뜻을 일러주어 실효가 있게 하라. 엊그제 유생 이옥(李鈺)의 응제(應製) 글귀들은 순전히 소설체를 사용하고 있었으니 선비들의 습성에 매우 놀랐다. 지금 현재 동지 성균관사로 하여금 일과(日課)로 사륙문(四六文)만 50수를 짓게 하여 낡은 문체를 완전히 고친 뒤에야 과거에 응시하게 하도록 하였다. …(후략)…"

•• 뱀의 발

조선시대 결혼식날, 모든 신랑신부는 '1일 벼슬'을 했다?

조선시대 벼슬 하기는 그야말로 '하늘의 별따기'였다. 정상적으로 벼슬에 진출하기 위해서는 3년에 한번씩 치르는 정기 과거시험인 '식년시'를 통과해야 했다. 식년시에서는 문과 33명, 무과 28명, 잡과(역과, 의과, 음양과, 율과) 38명 등 총 99명을 뽑았으니, 그 경쟁율은 미루어 짐작할 수 있다. 따라서 조선에서는 벼슬을 한다는 것이 자신의 영광일 뿐만 아니라 가문의 영광이 되는 것이었다. 그런데 조선시대에는 일부 여성들에게도 '당연직 벼슬'이 주어졌다. 이를 외명부(外命婦)라 하는데, 모든 문무관(文武官)의 처(妻)와 왕실과 종친(宗親)의 딸 또는 처(妻)에게 주어지는 당연직 벼슬로서, 남편의 직품(職品)에 따라서 1품에서 9품까지 봉작(封爵)을 받았다.

〈문무백관(신하)의 부인〉

* 정1품(종1품 포함) - 정경부인(貞敬夫人)

* 정2품(종2품 포함) - 정부인(貞夫人)

* 정3품 상계 (당상관) - 숙부인(淑夫人)

* 정3품 하계 (당하관) – 숙인(淑人)
* 정4품(종4품 포함) – 영인(令人)
* 정5품(종5품 포함) – 공인(恭人)
* 정6품(종6품 포함) – 의인(宜人)
* 정7품(종7품 포함) – 안인(安人)
* 정8품(종8품 포함) – 단인(端人)
* 정9품(종9품 포함) – 유인(孺人)

그런데, 제일 하급인 외명부의 정9품이 유인(孺人)이다. 어디서 많이 본 글자라는 생각이 들지 않는가? 그렇다. 우리가 명절 때 지내는 차례(茶禮)나 조상이 돌아가신 날에 지내는 기제사 때, 제사상에 올려두는 지방(紙榜)에서 볼 수 있고, 무덤 앞의 비석에서도 가장 흔하게 볼 수 있는 글자다. 그렇다면, 우리의 조상 누구나가 모두 정/종9품 벼슬을 했다는 말인가? 아니다. 남편이 벼슬을 하지 못했다면 부인도 당연히 벼슬이 없어야 한다. 그럼에도 정/종9품 벼슬을 가진 사람의 부인에게 주는 벼슬 이름을 지방에 적는 이유는, 죽은 이를 우대하는 사회적으로 용인된 하나의 예법(禮法)이라고 보면 된다.

또한 조선시대에는 '노인직'이라는 벼슬이 있었는데, 노인직(老人職)이란 노인에게 특별히 준 벼슬인데, 목숨 수(壽)자를 써서 수직(壽職)이라고도 한다. 육조 중 인사를 담당하고 있는 이조의 법전인 『이전(吏典)』에 의하면, '80세 이상이면 양천(良賤)을 가리지 않고 1계급을 제수하며, 원래 관계(官階)가 있는 사람에게는 1계급을 더 올리고, 당상관이면 어명에 따라 올려주었다'라고 되어 있다. 다만 노인직은 실직(實職)이 아닌 무급산직(無給散職) 즉 명예직인데, 이런 전통도 죽은 이를 예우하는데 영향을 끼쳤다고 볼 수 있겠다.

우리의 전통 혼례시에 신랑이 입는 옷을 보면 머리에는 사모를 쓰고 허리에는 띠를 두르는데, 이것은 벼슬아치의 복장이다. 또한 신부도 덮개가 있는 가마를 타는데, 이것은 원래 유옥교자(有屋轎子, 지붕있는 가마)로 정3품 당하관 이하의 부인이나 딸 등은 타지 못하게 되어 있던 것이다. 그렇다면 신랑신부에게 이런 것을 허락한 것은 왜일까? 그것은 조선이 관습적으로 결혼식 날 하루만큼은 신랑신부에게 가장 낮은 품계인 종9품 짜리 '1일 벼슬'을 내려준 것이라고 볼 수 있다.

낙선재
일원

외국출신
왕실여인들이
머문 곳

낙선재는 원래 창경궁 소속이었다

　보물 제1764호인 낙선재(樂善齋 / 樂: 즐거울 락, 善: 착할 선, 齋: 집 재)는 1847년(헌종 13)에 중건된 궁궐 내부의 사대부 주택형식의 건물이다. 원래 낙선재는 조선시대에는 창경궁 영역에 속해 있었는데, 지금은 창덕궁에서 관리를 맡고 있어서 창덕궁으로 입장해야 관람이 가능하다. 지금은 없는 세자의 정당 중희당과 소주합루(승화루로 개칭)로 이어지는 선상에 있기 때문에 처음에는 세자를 위한 공간으로 건설되었을 것으로 추정된다. 그러다가 1847년(헌종 13)에 후궁 경빈 김씨를

낙선재

위해 석복헌을 낙선재 옆에 지으면서, 석복헌 옆의 수강재도 함께 중수를 했다. 원래 수강재는 수강궁 자리에 만들어진 집인데, 수명과 강녕이라는 이름 뜻에서 알 수 있듯이 상왕이나 대비를 위한 공간이었다.

정조 9년(1785) 8월 27일

수강재를 세우다

이극문(貳極門) 안에 있던 오래된 우물 자리에 수강재(壽康齋)를 세웠다. 자경전을 영건할 때 남은 자갈과 벽돌을 우물 위에 쌓아 가산(假山)을 만들었었다. 이때에 이르러 이를 철거하고 그 우물을 파고는 소재(小齋)를 세워 내려다 보게 하였다. 이곳

석복헌

은 태조조(太祖朝) 수강궁(壽康宮)의 옛터로서 '여지승람(輿地勝覽)'에 기재되어 있다. 이어 그 재(齋)를 수강재(壽康齋)라고 이름을 지었다.

헌종은 자신의 후궁 경빈 김씨를 위해 석복헌을 지었으나, 대왕대비가 머무르는 그 옆의 수강재와는 이름에서 차별을 두고 있다. 전·당·합·각·재·헌·루·정 순으로 건물의 서열이 정해지기 때문에, 왕이 머무르는 낙선재나 대비의 수강재보다는 한 단계 아래의 이름인 '헌'을 사용한 것이다.

창덕궁 실록으로 읽다
낙선재 일원

수강재

낙선재를 지킨 외국인 출신의 시어머니와 며느리

그런데 조선왕조[대한제국 포함]의 왕실사람으로서 낙선재를 끝까지 지킨 사람들 중, 우리의 주목을 끄는 네 명의 여인들이 있는데, 순정황후 윤씨, 덕혜옹주, 이방자 여사 그리고 줄리아 멀룩이다. 특히 이방자 여사는 일본인, 줄리아 멀룩은 미국인이어서, 조선왕실의 마지막 왕녀 두 명이 외국인 출신이라는 점은 매우 특이하다.

•• 뱀의 발

여사(女史)라는 말의 어원

지금은 여사(女史)라는 말이 결혼한 여성에 대한 존칭어로 사용되고 있지만, 원래 이 말은 그런 의미로 쓰이던 것이 아니었다. 여사(女史)는 마치 사관이 임금의 옆에서 역사기록을 남기는 것처럼 고대 중국에서 왕후의 곁에서 기록과 문서 및 시중을 드는 여자관리를 가리켰다. 그래서 글자 중에 역사를 뜻하는 사(史)가 들어가 있다.

위진남북조 시대, 동진의 고개지(顧愷之)가 그린 그림 중에는 여사잠도(女史箴圖)라는 유명한 그림이 있는데, 이는 서진(西晉) 혜제(惠帝)의 비(妃)인 가씨(賈氏)의 방종을 염려한 장화(張華)가 여사의 직책을 훈계할 목적으로 지은 여사잠(女史箴)이라는 글을 그림으로 나타낸 것이다. 잠(箴)은 가르쳐서 훈계한다는 뜻을 가진 잠언(箴言)에서 알 수 있듯이 경계한다는 뜻을 가지고 있다. 따라서 여사잠은 궁정(宮廷)의 여사(女史)에게 훈계를 내리는 형식으로 쓴 글임을 알 수 있다.

이렇듯 우리나라에서 여사가 원래 뜻과는 전혀 상관없이 결혼한 여성에 대한 존칭어로 사용되는 것은 일제강점기의 영향 때문이다. 또한 여사처럼 원래의 뜻과 상관없이 여자를 약간 격식있게 대해주는 용도로 사용되는 글자가 또 있으니 바로 미망인(未亡人)이다. 미망인은 글자 그대로 해석하면 남편과 함께 죽어야 할 것을, 아직 죽지 못하고 있는 사람이란 뜻이다. 어찌 보면 비난이나 욕설에 가까운 뜻을 담고 있지만 현재는 과부라는 표현보다는 미망인이 훨씬 대접해 주는 느낌을 준다.

먼저 순종의 두 번째 황후이자 조선왕조 최후, 아니 대한제국 최후의 황후였던 순정황후 윤씨는 1966년 석복헌에서 돌아가실 때까지 낙선재에서 여생을 보냈다. 마지막 황후답게 순정황후에 얽힌 이야기는 많은데 특히 1910년 한일합방을 막으려 했던 이야기가 유명

순정황후 윤씨 [국립고궁박물관]

하다. 순정황후는 1910년 병풍 뒤에서 어전회의를 엿듣고 있었다고 한다. 그때 친일파 대신들이 순종임금에게 한일합방조약에 날인을 강요하자, 기지를 발휘해 옥새를 자신의 치마 속에 감추고 내주지 않았다고 한다. 하지만 결국 큰아버지 윤덕영에게 강제로 빼앗기고 말았다. 이런 상황에서 순종이 한일합방 조약에 끝까지 동의하지 않자, 당시 총리대신 이었던 이완용이 대신 서명을 해 버렸다. 때문에 지금에 와서 실효성을 따지는 것이 큰 의미는 없다 하더라도, 순종의 서명이 없는 한일합방 조약의 적법성 논란은 일본을 압박하는 수단이 될 수도 있는 것이다. 그 뿐만 아니라 순정황후는 1950년 한국전쟁이 일어나자 주위의 만류에도 불구하고 피난하지 않고 창덕궁에 남아서 왕실을 지키려고 했고, 궁궐에 들이닥쳐 행패를 부리는 인민군들을 호통을 쳐서 내보냈다는 일화도 있다.

두 번째로 이방자 여사는 순종의 뒤를 이을 후계자로 지목된 순종의 이복동생 이은[영왕 또는 영친왕]과 결혼했기 때문에 황태자비가 되었다. '이은'은 황태자 신분이었음에도 불구하고 일본에 의해 강제 유학을 가게 되었고, 심지어 생모인 귀비엄씨의 장례식에도 귀국이

영친왕, 영친왕비(이방자 여사), 이구 [국립고궁박물관]

허용되지 못했다. 그러면서 일본육사를 졸업하고, 일본에 의해 일본황실 사람인 이방자 여사(나시모토 마사코)와 강제 정략결혼을 당했다. 그런데 일본육군시절에는 일을 잘 해서인지 승진을 거듭해서 일본 육군중장까지 되었다. 그 때문에 친일행적이 논란이 되었고, 해방후에도 미군정과 이승만 정권의 반대로 귀국을 거절당했다. 그런데 일본에 계속 거주하면서 재산이 몰수된 상태에서 별다른 직업을 구하지 못하자 생활고를 이기지 못하고, 일본 황족출신인 이방자 여사가 생업전선에 뛰어들게 되었다.

그러다가 덕혜옹주와 마찬가지로 박정희 정권에 의해 귀국이 허락되어 가족과 함께 귀국을 했는데, 이때 이미 영친왕은 뇌출혈로 인하여 혼수상태에 빠지는 등 병석에서 회복하지 못하고 7년 동안을 고생하다 1970년에 사망했다. 그 뒤 이방자 여사는 국가의 생활비 보조로 생계를 유지하는 어려운 환경 속에서도 사회봉사 활동에 활발하게 참여하였고, 한국 장애인들의 어머니로 존경을 받았다. 이방자 여사도 1989년 창덕궁의 낙선재에서 운명했는데, 고종과 순종이 묻혀있는 홍유릉 구역에 남편인 영친왕과 함께 합장되었다. 능의 이름은 '영원'이라고 하는데, 태자와 태자비의 신분이기 때문에 '릉'이 아닌, '원'이 된 것이다.

순종 11년(1918) 12월 6일
총독부에 왕세자와 방자여왕에 대한 결혼 허가에
대한 감사인사를 전해줄 것을 당부하다
이왕직 장관(李王職長官) 자작(子爵) 민병석을 총독부에 보내어 왕세자와 방자여왕(方子女王)의 결혼을 허가하는 칙서를 내린 것에 대하여 사례의 뜻을 전해 주도록 당부하였다. 이어 전보로 나시모토 노미야(梨本宮)의 모리마사왕(守正王)에게 사례하였다.

조선왕실 여인 중 유일한 백인여성

세 번째는 줄리아 멀록인데, 이방자 여사의 둘째 며느리다. 영친왕과 이방자 여사의 둘째 아들인 '이구'는 일본에서 태어나 생활하다 해방 후 귀국하려 했지만, 이승만 정권의 반대로 귀국이 무산되었다. 이승만 정권은 영친왕과 이방자 여사의 귀국도 막았고, 덕혜옹주의 귀국도 막았다. 그렇지만 미군정의 특별배려로 미국으로 가서 유학한 뒤 MIT에서 건축학을 전공하고 뉴욕의 한 건축사사무소

줄리아 멀룩, 이구 [국립고궁박물관]

에 취직했다. 한때는 서울대학교와 연세대학교의 건축과에 강의를 할 정도의 인재였다. 아무튼 미국의 유학생활동안 알게 된 8살 연상의 우크라이나계 미국인 '줄리아 멀룩'과 결혼하였는데, 백인여성과 결혼한다는 점에서 일부 왕실의 종친들이 거세게 비난하면서 반대를 했고, 심지어 결혼하고 나서도 이혼을 강요했었다고 한다. 아마도 조선의 마지막 황세손이 외국여성과 결혼했다는 사실이 그들의 심기에는 매우 불편했을 것이다.

줄리아는 결혼생활 20여년 동안 시어머니인 이방자 여사를 열심히 돕고 부양했지만, 종친들의 지속적인 반대와 비난에 시달렸다. 그러다 남편의 사업실패로 인한 경제적 어려움, 불임설 등이 원인이 되어 결국 1982년에 이혼을 했다. 이방자 여사는 "줄리아가 외국인만 아니었다면…" 하면서 매우 안타까워했다고 전한다. 결과적으로 조선의 마지막 황태자는 일본인과 결혼을 하고, 마지막 황세손은 미국인과 결혼을 했다는 진기한 기록이 남은 셈이다.

마지막으로 덕혜옹주는 고종이 60세가 되던 해에 후궁 복녕당 양씨에게서 얻은 고명딸인데, 나라를 빼앗긴 상태에서 본인의 의사와

덕혜옹주 초상사진 [국립고궁박물관]

는 상관없이 일본에 강제 유학을 갔고, 거기서는 일본학교에 적응하지 못해 정신쇠약에 걸렸는데, 나중에는 정신분열증 증세까지 보였다. 또한 일본 황실사람과 강제혼인까지 하게 되었지만 정신병 때문에 곧 남편에게서도 버림을 받게 되었다. 결국 1962년 귀국할 때까지 정신장애로 동경인근에서 병원을 전전하는 비참한 생활을 하다가 박정희 정권에 의해 귀국해서, 이방자 여사와 함께 창덕궁에서 생활했다. 하지만 노환으로 고생하다가 1989년 4월21일에 수강재에서 타계하였고, 그로부터 9일 뒤인 4월30일에는 이방자 여사마저 서거하였기 때문에 창덕궁 낙선재는 완전히 주인을 잃게 되었다.

순종 19년(1926) 3월 11일
왕세자 부부와 덕혜 옹주가 동경으로 돌아가다
왕세자와 왕세자비가 토쿄 별저(別邸)로 행계(行啓)하였다. 덕혜 옹주도 따라 나아갔다.

•• 뱀의 발

문지방에 홈이 파진 집은 고관대작의 집이다?

낙선재 장락문

창덕궁 낙선재의 정문인 장락문 문지방을 보면 한가운데 부분에 홈이 파져 있는데 그 이유는 '초헌'이 쉽게 통과할 수 있게 만들었기 때문이다.

이동수단인 가마는 주로 고관대작과 같은 상류계층이 사용하였던 만큼, 가마를 타고 지나갈 때는 위세를 더하기 위하여 하인들이 목청을 높여 '물렀거라! 누구누구 행차시다'와 같이 소리를 지르기도 하였다. 궁궐에서는 '결속색'이라는 궐내각사(관청)에서 그런 역할을 담당하였다.

요즘과는 달리 길이 좁았던 옛날에는 일반 민간에서 가마를 메고 가다가, 맞은 편에서 오는 낯선 가마와 맞닥뜨릴 때가 종종 있었다. 이때 자신의 위세를 내세우면서 길을 비키지 않고 서로 실랑이를 벌이기도 했으며, 심지어 어떤 때는 가마끼리 맞대고 밀어붙이며 싸움을 벌이고는 했다고도 한다.

민간에서는 이러한 관습이 전승되어 민속놀이 가운데 하나인 '가마싸움'이 만들어 졌는데, 이 놀이는 추석이 되면 수십 명의 청년들이 한 팀이 되어 가마를 앞세우고, 상대편의 가마와 맞부딪쳐 먼저 많이 부순 팀이 이기는 놀이였다. 가마의 종류는 수없이 많지만, 일반인들이 기억할 만한 것들은 대략 다음과 같다.

장락문 가운데 터진 문지방

연(輦): 임금이 타는 가마로 좌우와 앞에 구슬을 달아 만든 주렴이 있다.

사인교(四人轎): 판서와 같은 고위 관리가 타거나, 민간에서 혼례 때에 신부를 태우고 운반하던 가마로, 앞뒤에 각각 2사람씩 모두 4사람이 메었다.

초헌(軺軒): 종2품 이상의 관리가 타는 외바퀴 수레로 긴 줏대에 외바퀴가 달려 있고, 앉는 데는 의자와 비슷한데, 위는 꾸미지 않았다. 초헌을 타는 관리의 집에는 솟을 대문과 함께 문턱을 없애거나, 문지방 한가운데를 바퀴가 통과할 수 있도록 홈을 파서, 초헌을 타고 쉽게 드나들 수 있게 하였다.

남여(籃輿): 종2품 이상의 관리가 타는 의자모양의 가마다.

평교자(平轎子): 종1품 이상 및 기로소(耆老所)의 당상관이 타던 가마다.

남여(藍輿) [국립민속박물관]

연(輦) [국립고궁박물관]

창덕궁 실록으로 읽다
낙선재 일원

사인교(四人轎) [국립민속박물관]

후 원
일 원

부용지와
주합루 일원

신하들을 가르치는 국왕

신하들을 가르치는 너무 똑똑한 국왕

후원으로 넘어가면 제일 처음 만나는 곳이 부용지(芙蓉池) 일원으로, 창덕궁 후원 중에서 가장 대표적인 풍광을 하나만 꼽으라면 대부분이 아마도 바로 이 곳을 선택할 것이다. 이 지역의 대표적인 전각으로는 부용정(芙蓉亭), 규장각(奎章閣) 및 주합루(宙合樓), 그리고 영화당(暎花堂)이 있다. 그 중에서도 가장 중심에는 규장각이 있다.

규장각은 정조가 즉위한 1776년 바로 그해 궐내에 설치하여, 역대 국왕의 시문, 친필의 서화, 고명(顧命), 유교(遺敎), 선보(璿譜=王世譜),

부용지

왕실족보), 보감(寶鑑) 등을 보관·관리하던 곳으로, 한마디로 요약하자면 왕실 도서관이면서 학술 및 정책을 연구한 관청이다.

정조 즉위년(1776) 9월 25일
규장각을 창덕궁 금원의 북쪽에 세우고 관원을 두다
규장각(奎章閣)을 창덕궁 금원(禁苑)의 북쪽에 세우고, 제학(提學)·직제학(直提學)·직각(直閣)·대교(待敎) 등 관원을 두었다.
…(후략)…

그런데 이 규장각이 학문을 관장하는 여타 관청과 차별화 되는 점은 정조의 의지가 많이 담겨있다는 것이다. 우선 즉위한 해에 곧바로 설치를 한 점부터 눈길이 가며, 또한 규장각에서 근무할 관리들 중 상당부분을 능력있는 서얼 출신들로 기용했다는 점에서도 차별화가 된다. 게다가 초계문신(抄啓文臣) 제도라는 획기적인 제도를 도입했다.

초계(抄啓)의 초(抄)는 논문초록 할 때의 그 글자인데 '뽑다'라는 뜻이며, 계(啓)는 임금에게 올리는 글인 계상(啓上)할 때의 그 글자로, '웃어른에게 말씀을 올리다'라는 뜻이다. 결국 초계문신은 이미 과거를 거친 사람들 가운데서 낮은 직급인 당하관(堂下官) 출신으로 37살 이하의 젊은 인재를 뽑아 임금에게 올려 재가를 받은 뒤, 3년 정도 특별 재교육을 시키는 제도였다.

초계문신으로 선발된 이들은 본래 직무를 면제하고 연구에만 전념하게 하되, 1개월에 2회의 구술고사인 강경(講經)과 1회의 필답고

사인 제술로 성과를 평가하였는데, 세종때의 독서사가제(讀書賜暇制)와 비슷하다고 할 수 있다. 다만 독서사가제는 매우 유연하게 운용되어 대상자들이 부담없이 연구에만 몰두할 수 있었으나, 초계문신의 경우에는 정조가 친히 강론에 참여하거나 직접 시험을 보여 채점하기도 할 정도로 매우 타이트하게 관리를 했다. 그러다보니 이 제도를 통해 많은 인재들이 양성이 되었고, 이들은 정조의 친위세력이 되었는데 대표적인 인물이 다산 정약용이다.

하지만 너무 타이트하게 관리하다보니 부작용도 있었는데, 정조가 불시에 문제를 내었으나 맞히지 못하는 자는 바로 앞에 있는 부용지 안의 작은 섬에 상징적인 유배를 보내기도 할 정도였으니, 초계문신 출신인 정약용 마저도 초계문신제의 문제점을 다음과 같이 비판하였다.

> 내각에서 초계하는 것은 태평성대의 훌륭한 일이다. 그러나 나라에서 과거 보이는 법을 마련한 까닭은 어진 이를 택해서 뽑고, 그 능함을 알아서 등용하려 함이다. 이미 과거로 뽑아서 벌써 벼슬에 제수했고 이미 청화(淸華)의 지위에 좌정했는데, 이 사람을 다시 시험하고 다시 고과(考課)하니, 이것이 어찌 어질고 유능한 자를 대우하는 도리인가. …(중략)… 또 비록 총명한 사람이라도 어전 지척에 돌아앉아서 여러 가지 경서를 강하도록 하니, 잘못 실패하는 때도 있어 황구(惶懼)한 땀이 등을 적시기도 한다. 혹 가벼운 벌이라도 받게 되면 졸렬함이 다 드러나는데, 어린애[童蒙] 같이 때리며 생도같이 단속한다.

이는 정조가 너무 똑똑해서 생긴 현상으로 보인다. 일반적인 국왕은 자신에게 가르침을 줄 수 있는 자를 신하로 삼아 정치를 하는데 비해[이를 경연이라 한다], 정조의 경우에는 거꾸로 신하들을 가르치려 했기 때문이었다.

정조 16년(1792) 11월 26일
영화당에서 초계 문신과 선전관에게 친시·과시, 활쏘기를 시험 보이다
영화당(映花堂)에 나아가 초계 문신에게는 친시(親試), 과시(課試)를, 선전관에게는 강(講)과 활쏘기를 시험보였다. …(후략)…

애련지와
연경당 일원

이토 히로부미
제대로
분석하기

이토 히로부미를 제대로 알아보자

　영화당의 뒤쪽으로 난 길을 따라 조금만 더 가면 100미터도 채 못 미쳐, 경복궁 전철역에서 많이 보았던 불로문(不老門)이 우리를 맞아준다. 물론 경복궁 전철역의 불로문은 이곳 창덕궁의 불로문을 본 따 만든 모조품이다. 그 뒤쪽으로 또 하나의 예쁜 연못이 있고, 주변에는 두 개의 건축군이 있는데, 연못 앞쪽의 작은 건축군은 기오헌(寄傲軒)과 운경거(韻磬居)이고, 연못 뒤쪽으로 보이는 큰 건축군은 연경당(演慶堂)이다. 연경당은 사랑채, 안채, 행랑채, 서재, 후원, 정자

불로문

기오헌(寄傲軒)과 운경거(韻磬居)

창덕궁 실록으로 읽다
후원 일원

연경당 사랑채

연경당 안채

연경당 대문채(행랑채)

및 연못을 완벽하게 갖춘 사대부 주택건축이다.

그런데 1908년 4월에 순종황제는 이곳 연경당에서 이토 히로부미를 접견했다.

순종 1년(1908) 4월 21일
태자 태사 이토 히로부미를 접견하다
연경당(演慶堂)에서 태자태사(太子太師, 태자 영친왕의 스승이라는 뜻) 이토 히로부미(伊藤博文)를 접견한 다음 배식(陪食)을 하사하였다.

우리나라 사람들 중 이토 히로부미를 모르는 사람은 아마 없을 것이다. 일본인들 중에서 가장 인지도가 높은 인물을 하나만 선택하라고 한다면 아마도 이 자가 첫손에 꼽힐 것이다. 그리고 안중근 의사도 자동으로 연상이 된다. 그런데, 정작 일본에서는 그를 영웅으로 취급하고 있다. 우리에게는 침략의 원흉이지만 일본인들에게는 조국 근대화의 영웅이란다. 최근에는 '안중근 의사가 일본 내 온건파인 이토 히로부미를 암살했기 때문에, 일본 내 합리적 온건파가 몰락하고 대신 강경파가 득세하여, 결국 조선이 일본에 강제로 합병되었을 뿐 아니라, 일본의 군국주의가 극단으로 치달았다'라는 주장도 일부에서 제기하고 있는 실정이라고 한다. 그럼 이토 히로부미에 대해 좀 더 자세히 알아보자.

우선 이토 히로부미에 대한 일본인들의 인식은 어느 정도일까? 일본에서는 신분제의 한계를 뛰어넘어 평민출신으로 초대총리까지 지냈고, 이어 5대, 7대, 10대 총리까지 4번이나 총리직을 역임했으니 그것만 봐도 대단한 인물임을 알 수 있다. 게다가 메이지 헌법의 초안을 작성하고, 오늘날 일본 의회 제도와 양원제를 확립한 위인으로 분류되는데, 일본 국회건물 정문 쪽 메인 홀의 4모서리 중 한 곳에 이토 히로부미의 동상이 서 있을 정도다. 또 1963년부터 1984년까지 일본 1,000엔권 지폐 도안 인물로 선정됐을 정도니, 이 정도면 이토 히로부미에 대한 일본인들의 인식수준을 충분히 짐작케 한다.

그런데 그는 당시 일본 내에서는 온건파의 대표로 분류되었다. 일본의 근대화 과정에서 입헌군주제를 확립했고, 골수 천황주의 계열의 극우파와 대립하면서 가급적이면 전쟁을 회피하려는 평화주의자적인 행보도 보였으며, 청일전쟁이나 러일전쟁 모두 개전에 반대했었다. 단순하게 파악하여 이정도 인물이라면 안중근 의사가 이토를 암살한 것이 궁극적으로 우리에게 더 피해를 키웠다는 주장에 힘이 실릴 만도 할 것 같다. 그러나 조금 더 내용을 들여다보면 그렇지 않다라는 사실을 알 수 있다.

당시 일본은 워낙 극우 강경파가 많았던 탓에 이토와 같은 인물이 상대적으로 좋은 사람인 것 같은 착각을 불러 일으키는 것뿐이다. 이토는 영국에 유학까지 한 경험 탓에 서구 제국주의의 모든 것을 배웠다. 따라서 조선을 힘으로 밀어 부쳐 강제로 합병하는 것 보다는, 서서히 잠식하여 모든 반항의지를 꺾으려는 서구의 합리적 제국주의 방식을 더 높게 평가한 것뿐이었다.

그는 을사늑약과 대한제국의 식민지화를 주도면밀하게 진행했고, 헤이그 밀사사건을 빌미로 고종을 강제로 퇴위시킨 장본인이다. 또한 황태자 영친왕의 스승을 자처했고, 일본에 강제로 유학하게 하여 철저하게 일본에 충성하도록 세뇌를 하려 했다. 따라서 어찌보면 이런 인물이 우리에게는 더 위험한 측면이 있다. 이토의 사후, 일본은 결국 강경파가 득세하여 한반도를 강점했기 때문에 우리는 지속적으로 무장독립투쟁을 이어갔지만, 이토와 같은 온건파의 철저한 식민지 당근정책에 제대로 당했다면, 독립의지 자체도 완전히 소멸되었을 수도 있다.

우리가 잘 알고 있듯이 이토는 안중근 의사에게 암살되는데, 사실 그 전에도 암살시도가 한번 더 있었다. 이토가 을사늑약을 성사시키고 수원에 갔을 때의 일이다. 낭시 안양에 실던 젊은 선비인 원태우는 을사늑약과 그 원흉인 이토에 대해 대단한 분노를 느끼고 있던 차에, 이토가 수원에 다녀간다는 소식을 듣고 동료 몇명과 함께 열차 레일에 큰 돌을 올려놓아 열차를 전복시키려 했으나 성공하지 못하자, 달리는 열차에 돌을 던져 정확히 이토의 머리에 맞췄다. 이토는 큰 부상만 당했을 뿐 생명에는 지장이 없었고, 원태우는 일본 경찰에 잡혀 모진 고문끝에 불구의 몸이 되고 말았다. 안중근 의사에 묻혀 대중적으로 잘 알려지지는 않았지만 원태우라는 인물도 우리는 잘 새겨둘 필요가 있다고 본다.

여기서 한가지, 돌을 던져서 달리는 열차의 표적을 맞추려면 얼마나 기술과 실력이 좋아야 할까? 사실 우리민족은 대대로 석전이라는 돌싸움 전통이 있었기 때문에, 원태우와 같은 사람이 충분히 나올 수 있었을 것으로 추측할 수 있다.

원태우에서 실패한 이토의 암살시도는 결국 안중근 의사에 의해

성공된다. 그런데 이토 암살당시 안중근 의사는 이토의 얼굴을 확실하게는 몰랐다고 한다. 이토는 원태우의 암살시도 이후에는 외부에 얼굴이 알려지지 않도록 매우 신경을 썼기 때문에, 사진의 노출 등도 매우 자제했다고 한다. 그래서 하얼빈 역에서의 안중근 의사의 암살작전이 목표물 선정에 어려움을 겪으면서 거의 실패로 될 가능성이 짙어지던 순간, 현지 일본인 환영객 중 누군가가 이토의 이름을 부르자 이토가 손을 흔들어 주는 바람에, 안중근 의사가 순간의 판단력으로 이토를 향해 권총을 발사했다. 그럼에도 100% 확신이 서지 않았기 때문에 바로 옆에서 수행하고 있던 사람들에게까지 모두 총을 쐈다.

관람지와
존덕정 일원

정조의
자신감이
넘치는 곳

정조를 상징하는 정자, 존덕정

    불로문에서 후원 안쪽으로 약 200미터 정도를 더 들어가면, 관람지라는 연못 주위로 4개의 정자건물군이 보이는데 관람정(觀纜亭), 존덕정(尊德亭), 폄우사(砭愚榭), 승재정(勝在亭)이다.

정조 19년(1795) 3월 10일
내원에서 꽃구경을 하고 낚시질을 하다
내원(內苑)에서 꽃구경을 하고 낚시질을 하였다. 여러 각신(閣臣)

관람정(觀纜亭)

의 아들·조카·형제들도 참여하였는데 모두 54인이었다. …(중략)… 약간의 시간이 흐른 뒤에 상이 다시 존덕정(尊德亭)의 서쪽 태청문(太淸門) 안의 막차(幕次)로 거둥하여 대신에게 이르기를, "예로부터 내원(內苑)의 놀이에는 척리(戚里. 내척과 외척)가 아니고서는 들어와 참여할 수가 없었으니, 외신(外臣)을 내연(內宴)에 참여시킨 것은 특별한 은전이라 하겠다. …(후략)…"

지금도 창덕궁의 다른 곳은 자유롭게 관람이 허용되지만, 후원만큼은 반드시 허가받은 인솔자가 있어야만 관람이 되는 것처럼, 조선시대에도 후원에는 신하들조차도 함부로 접근하지 못하는 곳이었음을 정조 19년 실록기사에서 충분히 짐작할 수 있다.

폄우사(砭愚榭), 존덕정(尊德亭)

승재정(勝在亭)

창덕궁 실록으로 읽다
후원 일원

존덕정(尊德亭) 천장

존덕정(尊德亭)의 이중 지붕

그런데 이 곳의 4개 건물 중 가장 중심이 되는 건물은 단연코 존덕정이다. 일단 외모부터가 다른 정자하고는 확연히 차이가 나는데, 희안하게도 지붕이 이중으로 되어 있다. 그런데 완전하게 이중으로 겹쳐 있는 것이 아니라, 처마부분에 잇대어서, 지붕을 따로 씌운 퇴칸을 한 겹 더 돌렸기 때문에, 마치 지붕이 이중인 것처럼 보이는데, 고건축에서는 저런 지붕을 눈썹지붕이라고 부른다.

또한 존덕정은 내부 천장의 한가운데에 청룡과 황룡이 여의주를 놓고 희롱하는 그림이 있어서, 보통의 정자가 아니라, 왕과 왕권의 위엄을 상징하는 정자라는 것을 알 수 있다. 또 북쪽에 걸려있는 현판을 유심히 보면 그 제목이 '만천명월주인옹자서(萬川明月主人翁自序)'라고 되어 있는데, 뜻을 풀이 하자면, 백성을 이 세상의 모든 개천인 '만천(萬川)'에 비유했고, 그 위에 하나씩 담겨 비치는 밝은 달빛인 '명월(明月)'의 '주인 늙은이가 스스로 썼다'라고 표현했다. 이는 모든 백성들에게 직접 닿는 지고지순한 왕정이 자신이 추구하고 실현시킬 목표라는 것을 나타내고 있는데, 마치 부처님의 교화인 달빛이 모든 중생을 비유한 천개의 강에 비친다는 월인천강지곡(月印千江之曲)의 뜻과 비슷하다. 조선후기에 이런 자신감을 나타낼 수 있는 임금은 정조 이외에는 없다.

정조는 그런 넘치는 자신감을 일반 백성들에게 보여줄 수 있도록 궁궐 밖 일반 어가행차뿐만 아니라 역대 왕릉의 참배를 구실로 직접 도성 밖으로 나와서 많은 백성들을 직접 만나는 기회를 만들었다. 100회 이상을 기록한 이러한 정조임금의 행차는 단순한 왕릉 참배의 목적뿐만이 아니라, 신하들을 거치지 않고 일반 백성들의 민

청계천에 그려져있는 정조반차도

원을 직접 접수하는 기회로도 활용한 것인데, 지금 우리 눈으로도 확인할 수 있는 대표적 유물로는 원행을묘정리의궤 속에 등장하는 정조반차도를 들 수 있다.

  이 정조반차도가 수록되어 있는 원행을묘정리의궤는 수작업으로 제작되는 다른 의궤와는 달리, 목판으로 제작된 것이 특징이다. 왕실의 의궤가 목판으로 제작되었다는 말은 통상적으로 4~5권이 만들어지는 다른 의궤와는 달리, 결국 대량으로 만들어 백성들에게 배포하는 것을 목적으로 했음을 알 수 있는 것이다.

옥류천 일원

유상곡수거의 흔적을 찾아서

우리나라에서 두 개뿐인 유상곡수거

존덕정에서 살짝 오르막길로 약 300미터를 더 들어가면, 후원의 가장 깊숙한 옥류천 주변이 나온다. 이곳에는 5개의 정자가 여기저기에 산재해 있는데, 취한정(翠寒亭), 소요정(消遙亭), 청의정(淸漪亭), 태극정(太極亭), 농산정(籠山亭)이 그 주인공이다.

정조 19년(1795) 2월 25일
자궁의 가마를 메는 예행 연습을 행하다

취한정(翠寒亭)

소요정(消遙亭)

청의정(淸漪亭)

태극정(太極亭)

창덕궁 실록으로 읽다
후원 일원

농산정(籠山亭)

자궁(慈宮)의 가마를 메는 예행 연습을 후원에서 행하였다. 상(上)이 현륭원에 행차할 때 여러 날 수고롭게 움직여야 하기 때문에, 자궁을 직접 모시고 먼저 예행 연습을 한 것이었다. 농산정(籠山亭)에 이르러 행차를 수행한 신하들에게 음식 대접을 하고 대내로 돌아왔다.

이곳에 관련된 정조실록 기사에는 앞서 본 존덕정에서의 넘치는 자신감을 백성들에게 제대로 보여주기 위해 정조가 혜경궁 홍씨를 모시고 실제 예행 연습을 했다는 내용이 실려있다. 따라서 정조의 수원행차는 단순한 행차가 아니라 치밀하게 계획된 정치행위 였음을 알 수 있다. 그 때문에 의궤도 목판인쇄라는 대량출판체제를 사용한 것이다.

옥류천 소요암

　옥류천 지역에서 가장 눈여겨 볼 부분은 역시 옥류천이라는 글씨가 새겨진 바위다. 아래쪽에 옥류천이라는 세 글자를 새기고, 물줄기가 바위암반을 돌아 소요정 앞에서 작은 폭포가 되도록 만든 사람은 인조임금이고, 그 위쪽에 네 줄의 한시를 새긴 사람은 숙종임금이다. 옥류천이 바위를 돌아 물이 흘러가게 한 것이 마치 경주의 포석정을 연상하게 한다.

이런 식으로 돌로써 물이 흘러가게 만든 시설을 유상곡수거(流觴曲水渠)라고 하고, 이런 시설위에서 여는 잔치를 유상곡수연(流觴曲水宴)이라고 한다. 한자로 풀어보면 흐를 류, 잔 상, 굽을 곡, 물 수, 잔치 연 인데, 즉 굽이 굽이 흘러가는 물 위에 술잔을 띄우는 잔치라는 뜻이다. 그런데 이런 유상곡수 시설이나 전통은 우리나라뿐만 아니라 중국, 일본에도 있었다. 유상곡수의 가장 빠른 기록은 명필로 유명한 중국의 '왕희지'가 처음 한 것으로 되어 있는데, 왕희지는 친구들과 함께 물 위에 잔을 띄워 놓고 술잔이 자기 앞에 오는 동안 시를 읊어야 하는데, 시를 짓지 못하면 벌로 술 3잔을 마시는 잔치를 벌였다는 기록이 '난정기(蘭亭記)'에 남아 있다.

포석정의 불편한 진실

유상곡수거의 대명사는 누가 뭐래도 경주 포석정이다. 그런데 포석정에 대한 일반인들의 상식은 아마도 신라의 경애왕이 정사는 돌보지 않고 외적이 쳐들어 오는 상황에서도 유상곡수 놀이나 하면서 놀다가, 결국 신라를 망쳐버렸다는 정도일 것이다. 실제로 삼국사기에도 그런 취지로 내용이 실려 있다. 하지만 그것이 100% 사실일까? 몇가지 질문을 던져본다.

첫째, 포석정이 유희공간이라면, 유희공간을 어째서 신라인들이 경주에서 가장 신령스럽게 여기는 경주남산의 기슭에 만들어 두었을까?

둘째, 경애왕은 후백제의 견훤이 쳐들어왔을 때, 포석정에 있다가 잡혀 죽었다고 기록되어 있는데, 국왕이 바로 코앞에 적이 쳐들어 왔을 때, 술놀이를 했다는 게 상식적으로 납득이 가는가?

셋째, 경애왕이 견훤에게 잡혀 죽었을 때가 음력 11월, 양력으로 환산하면 크리스마스 전후인데, 그 추울 때에 술잔이 물에 떠 다닐 수가 있을까? 물이 얼지 않았을까? 또 경애왕이 제정신이라면 그렇게 추울 때에 야외에서 연회를 왜 했을까?

결론부터 말하면, 포석정은 유희공간이 아니고 제사공간이었을 가능성이 농후하다. 화랑세기라는 책에서도 '포석사'라고 사당임을 나타내고 있고, 실제 1998년에 포석정에서 '포석'이라는 명문이 새겨진 기와편이 발굴되어서 물증까지 나왔다. 즉, 포석정은 유희공간이 아니라 조상에게 제사를 올리는 신성스런 제사공간이었고, 경애왕은 견훤이 쳐들어오자, 경주남산에 있는 신라의 조상신들에게 국가를 구원해달라는 제사를 올리다가 견훤에게 죽임을 당한 것이라고 보는 것이 상식적인 결론이다.

그렇다면 삼국사기의 기록은 왜 그렇게 되어 있지 않을까? 그것은 삼국사기가 당대에 쓰여진 기록이 아니라, 한참 후대의 고려 사람인 김부식이 쓴 책이기 때문이다. 김부식은 정치가이면서 동시에 유학자이기도 했다. 대부분의 유학자들은 망한 나라의 임금에 대해서는 그 임금이 정치를 잘했는지 못했는지 와는 상관없이, 나라를 제대로 지키지 못했다는 이유 하나 때문에 상당히 나쁘게 평가를 하려는 경향이 있다. 대표적인 것이 백제의 의자왕이다. 의자왕은 해동증자라고 불리며 성군소리를 들었는데, 나라를 잃었다는 것 때문에 모든 평판이 나빠진 것이다.

의자왕의 방탕함과 연계짓기 위해 꼭 따라다니는 삼천궁녀 이야기도, 실은 후대에 만들어진 이야기다. 김부식의 삼국사기에도 그런

경주 포석정

내용은 전혀 없다. 조선중기 '민제인'이라는 사람의 '백마강부'라는 시에서 '궁녀수삼천'이라는 말이 처음 나오는데, 이것도 실제 궁녀 수가 삼천이라는 말이 아니고, 많다는 뜻의 시적인 표현으로 봐야 한다. 그런데 일제강점기를 거치면서 대중가요의 가사에 '삼천궁녀'가 들어간 곡이 여러 개가 불리면서, 사람들의 인식에는 의자왕이 방탕한 왕으로 잘못 알려지게 된 것이다.

그럼 유상곡수연은 왜 했을까? 조금 전에 말했던 중국의 명필 왕희지의 난정기(蘭亭記)를 보면 유상곡수가 '계사(禊事)' 또는 '계욕(禊浴)'이라는 의식과 관련이 있다는 것을 알 수 있다. 계사는 3월 첫번째 뱀날에 동쪽을 향해 흐르는 물에 몸을 씻어 부정을 없애는 의식인데, 유상곡수와 함께 이루어졌다고 한다. 다시 말해서 유상곡수는 단순한 유희가 아니라 계사라는 신성한 의식을 동반한 것인데, 나름대로 풍류의 멋을 지니긴 했지만, 성스러운 의식도 있었다는 뜻이다. 제사를 지내고 난 다음, 제관들이 모여서 음복하는 것과 비슷하다고 보면 될 것 같다. 이런 의식이 후대에 오면서 제사는 사라지고 술잔 돌리는 의식만 남은 것이다.

•• 사진 협조

국립고궁박물관
(www.gogung.go.kr)

- 덕혜옹주 초상사진 265
- 순정효황후 사진 261
- 순정황후어차 127
- 순종어차 127
- 연 268
- 영친왕, 영친왕비, 이구 사진 262
- 이구, 줄리아 멀록 사진 264

국립민속박물관
(www.nfm.go.kr)

- 남여 268
- 사인교 269

국립중앙박물관
(www.museum.go.kr)

- 연려실기술 34

동아대학교박물관
(museum.donga.ac.kr)

· 동궐도 (부분) 17, 76, 107, 113, 207, 227, 240, 246

문화재청
(www.cha.go.kr)

· 덕안궁 외경 110
· 선희궁 외경 111
· 육상궁 외경 111

※ 본 책을 위하여 사진 촬영에 적극 협력해 주시고, 또한 귀한 사진 자료들을 기꺼이 제공해 주신 관계 기관에 진심으로 깊은 감사를 드립니다.